SAGGI «L'ERMA»

3

LUCIANO LAURENZI

UMANITÀ
DI
FIDIA

EDIZIONE ANASTATICA

«L'ERMA» di BRETSCHNEIDER - ROMA
2006

LUCIANO LAURENZI

Umanità di Fidia

RISTAMPA ANASTATICA INVARIATA DELL'EDIZIONE ROMA 1961
(Pubbl. «L'ERMA» di BRETSCHNEIDER - STUDIA ARCHAEOLOGICA, 3)

ISBN 88-8265-381-1

In copertina:
Villa di Livia, Antiquarium: frammento di lastra con Nike in volo (M. Cutrupi).

INTRODUZIONE

Da una comunicazione presentata all'Accademia delle Scienze dell'Istituto di Bologna nasce questa presentazione concisa e ricca di tensione, che Luciano Laurenzi affidava alla stampa nel 1961 per la Collana *Studia Archaeologica* dell'Editrice "L'Erma Bretschneider", da poco istituita. Della forma colta e narrativa propria di una conferenza mantiene tono e carattere, permettendo di cogliere ancora oggi una freschezza discorsiva invitante e coinvolgente, capace di condurre il lettore nella riscoperta di un artista e di un personaggio storico. Senza scadere nei toni retorici che avevano segnato i decenni precedenti e con linguaggio ancora esemplare nella tradizione della letteratura archeologica, il problema di Fidia e della sua esperienza artistica viene riproposto con la curiosità e l'interesse del recupero di una realtà dispersa e frantumata dal tempo; il profilo dell'artista, però, riemerge facilmente da una rassegna non paratattica di temi, attività ed opere, ma anche di tendenze ed espressioni individuali.

L'Autore nasce a Trieste nel 1902 e vive con un ruolo da protagonista i profondi rivolgimenti della cultura e della politica italiana tra Fascismo e Dopoguerra, distinguendosi nei momenti meno facili per la coerenza dell'impegno etico. La sua formazione deve l'impostazione filologica iniziale, di stampo positivista ed evoluzionista, a Pericle Ducati, mentre in un secondo momento da Alessandro Della Seta deriva la tendenza ad approfondire i problemi nella direzione della critica d'arte. Dopo un importante soggiorno ad Atene, dal 1934 al 1938 ha l'incarico di Soprintendente alle Antichità del Dodecanneso, svolgendo un ruolo significativo nel recupero e nel restauro delle emergenze archeologiche e monumentali di Rodi e di Coo, alle quali ha dedicato le pagine più interessanti della sua produzione scientifica.

Nel momento dell'inasprimento della situazione internazionale, Laurenzi lascia le isole dell'Egeo, dove restano Luigi Morriconi e Renato Bartoccini, per la cattedra di Archeologia presso l'Università di Pisa, ottenuta proprio l'anno dello scoppio della guerra, nel 1939. Si tratta di una data che segna uno spartiacque nella storia inidividuale e collettiva degli Italiani, della loro storia e della loro cultura, e che certamente rimase impressa nella sua esperienza di vita. Dopo la morte di Pericle Ducati, avvenuta a seguito di un attentato nel 1944 durante la sua funzione di membro del tribunale speciale di guerra della repubblica di Salò, Laurenzi è chiamato nel 1946 ad insegnare nell'Università di Bologna, incarico mantenuto sino alla morte intervenuta nel 1966.

Della sua consapevolezza culturale il profilo di Fidia come artista testimonia chiaramente intenti e convinzioni. Un impegno antipositivista emerge sin dalla prima pagina in maniera esplicita, partendo dalla critica alla posizione assunta da G.E. Rizzo sul problema della conoscibilità dell'artista; troppo scarse le tracce dirette disponibili, secondo questo studioso, per intravedere il genio di un maestro, per procedere nella strada dell'intuizione di stampo idealista, che permette di comprendere personaggio e opera d'arte. Al contrario, la posizione di Laurenzi ribatte l'esigenza del recupero del clima artistico, della possibilità di ricostruire anche attraverso testimonianze indirette o "mediocri" la personalità e l'umanità del "maestro". Sostenuto da un'ottima conoscenza della letteratura e della storia antica e da un esame diretto di molte opere prese in esame, il profilo di Fidia riemerge, così, avvalendosi delle fondamentali osservazioni di B. Schweitzer e mostrando il complesso livello culturale di Laurenzi, con reminiscenze che risalgono alla migliore archeologia italiana della metà del Novecento.

L'affermazione che «*...non è solo la personalità che interessa lo storico, ma anche il modo di vivere del genio, il suo ambiente, i suoi compagni di vita*» non basta comunque ad avvicinare l'impegno dell'Autore allo storicismo critico di Bianchi Bandinelli, che si era compiutamente espresso già nella seconda edizione di *Storicità dell'arte classica* del 1950 nel rifiuto non solo della "botanica degli stili", ma anche delle personalità artistiche. Laurenzi nell'esame di Fidia sembra invece riaffermare consapevolmente la volontà di non rinunciare ad una tradizione di ricerca produttiva ed importante, riproponendone temi e protagonisti. In questo senso il suo testo resta ancora un'utile lettura introduttiva ai temi fidiaci e ad una specifica prospettiva, quella storico-artistica, alla quale la ricerca degli ultimi decenni può affiancare altri aspetti ed approfondimenti, più vicini alle esigenze quotidiane di rivalutazione del contesto, del quadro sociologico, dell'iconografia e del significato di soggetti e rappresentazioni, ma non offre sostanziali modifiche nella ricostruzione del personaggio e del suo itinerario formativo.

Emerge l'adesione alle motivazioni idealistiche, che non limitano l'analisi alla ricostruzione dell'immagine umana di Fidia, ma si indirizzano verso il recupero della sua dimensione spirituale. Questa viene identificata nell'adesione al pensiero di Anassagora, al clima dell'Atene intellettuale che propone la ricerca sull'ordine cosmico come misura della realtà, traccia filosofica di una divinità superiore che è ordine supremo e pensiero. Zeus e Atena rappresentati da Fidia sono quindi un'espressione ideale, il simbolo «di un dio elemento e solenne in un'immagine scevra di passioni», come osserva Dione Crisostomo alla vista della statua colossale di Olimpia, L'ansia di una dimensione soprannaturale superiore alle difficoltà e alle miserie quotidiane, alle esperienze degli uomini alterne e contigenti, dalle pagine scritte per comprendere le motivazioni di Fidia sembra riecheggiare quasi un'esigenza propria dell'Autore; Fidia diviene la scelta di un modello, il prototipo di una classicità che sembra poter ispirare ancora società ed individui.

Enzo Lippolis

I pensieri che qui esprimo sono stati da me elaborati per vari decenni, si può dire da quando ho iniziato nell'Università di Bologna gli studi di storia dell'arte greca, perché allora non era possibile non partecipare al fervore di ricerche fidiache, talora condotte con metodo, altre volte consistenti in articoli celebrativi e retorici. Il periodo, cui seguì uno di studi più obiettivi, ebbe termine nel 1927 con un articolo di Giulio Emanuele Rizzo, dal titolo « Conosciamo noi Fidia ? »[1]. La sua conclusione negativa fu fondata soprattutto su un certo ragionamento per cui a noi sarebbe negato conoscere Fidia, perché non esiste unità stilistica nei marmi del Partenone. Egli non nega che, secondo la testimonianza di Plutarco, Fidia sia stato il soprintendente della costruzione del grande monumento, ma ritiene che non si possa riconoscere in lui l'autore di qualche parte della decorazione scultorea. Detto questo aggiunge che, come non si riconosce Fidia nel Partenone, così poco possiamo apprendere dalle riproduzioni dei due colossi crisoelefantini, lo Zeus e l'Atena, cui è legata la sua gloria. Oltre alle descrizioni di Pausania si trovano monete non belle insieme con alcune riproduzioni e libere riduzioni marmoree dell'Atena, e inoltre monete e gemme rappresentanti lo Zeus di Olimpia; troppo poco, secondo il Rizzo, per ricostruire la personalità di un artista.

Presentato così il ragionamento esso apparentemente non fa una grinza, ma è in sostanza quel ragionamento che farebbe qualsiasi studioso positivista[2]. Per noi la personalità di un grande artista si può riconoscere anche nel clima artistico da lui creato, perché è tale la forza di irradiazione del

1) In *Dedalo*, 1927, p. 273 s.

2) Fondamentale il lavoro di B. SCHWEITZER diviso nelle tre puntate dello *Jahrbuch d. deutsch. arch. Inst.* 1938 p. 1 s., 1939 p. 1 s., 1940 p. 170 s. cui va aggiunto il lavoro « *Neue Wege zu Pheidias* » edito nella stessa rivista, 72, 1957, Sono lieto di essermi accostato al pensiero dell'illustre studioso e di avere aggiunto elementi per la conoscenza di Fidia. Quasi tutte le principali questioni concernenti le opere fidiache sono state trattate da G. BECATTI nel libro *Problemi Fidiaci*, Milano-Firenze 1951; ivi per il Partenone pp. 73-108. È d'informazione completa e porta contributi originali.

genio che il suo magistero si riconosce anche in opere di esecuzione mediocre. E così è avvenuto nel Partenone. Noi conosciamo con esattezza la successione della fabbricazione degli elementi della decorazione plastica; le metope furono eseguite per prime, in cantiere, mentre la grande fabbrica giungeva all'epistilio. I blocchi dei fregi ovest ed est furono altresì costruiti non in sede, ma in cantiere. Per i secondi la constatazione è ovvia in quanto si tratta di blocchi molto ampi che ciascun artista avrebbe potuto lavorare senza il timore di uscire dai margini tanto più che si trattava di scene tranquille. Per i primi (Tav. I) il problema di comprimere determinati movimenti entro le suture dei blocchi richiedeva degli sforzi che sono evidenti. Questa osservazione ha permesso allo Schweitzer di concludere ch'essi sono stati costruiti in cantiere perché gli artefici dirigenti dei vari settori potessero assumere un'uniforme tonalità stilistica e nello stesso tempo fornire non solo tipologie, come nel caso dei cavalli e dei cavalieri, ma anche formule di espressione psicologica, di rendimento del nudo, del panneggiamento, dei volumi ornamentali delle chiome e delle barbe. L'esecuzione è più o meno accurata, viva o stanca, a seconda dell'abilità dell'operaio o della sua docilità nel seguire l'insegnamento dello scultore capogruppo, quello che Plutarco chiama *technites*, ma non si può negare che l'unità di linguaggio sia raggiunta, come poche volte, in un così grandioso complesso plastico. Che poi il fregio delle Panatenee del Partenone risponda a una concezione unitaria mi sembra sufficientemente dimostrato dal fatto che esso riesce a celebrare come nessun'altra opera di scultura la gloria spirituale di una città e perché l'ideazione di due colonne di cittadini di uguale composizione che sui lati marciano verso l'apoteosi, eliminando la materialità della cella del tempio, è di una genialità senza pari.

Noi non conosciamo la prima fase della decorazione scultorea del Partenone, poiché quasi tutte le metope sono state scalpellate. Le diciotto rimaste della centauromachia riguardano un lato di scarsa importanza e quindi non possono illuminarci sui valori di quelle perdute; si potrebbe cercare la mano di Fidia anche in queste senza però pretendere di avere dei sicuri risultati. Le diciotto metope sono tuttavia significative come indicazione del panorama artistico dell'Atene della metà del secolo in cui ebbe inizio lo splendido edificio, poiché nelle metope si trovano espresse le esperienze stilistiche di scultori attardati, di vecchi scolari degli autori dei Tirannicidi, di scolari di Mirone e linguaggi formali di altri che hanno aspirazioni ad una potenza di espressione psicologica congiunta ad un gusto per un maggior chiaro-scuro, elementi ambedue che si possono ritenere anche non derivanti dall'insegnamento fidiaco, perché non dobbiamo dimenticare che la pittura del tempo perseguiva queste due finalità del maggior rendimento psicologico e di una più viva pittoricità. Detto ciò devo concludere che per me non è possibile riconoscere proprio la mano di Fidia nelle metope, soprattutto perché quelle più importanti sono andate perdute. Si può constatare tuttavia una progressiva evoluzione verso il raggiungimento di una piena forma naturalistica, fastosa, unitaria, quella che sarà espressa nel fregio e nei frontoni.

Un processo così omogeneo non sarebbe stato possibile senza la presenza di un Maestro, nel significato elementare della parola, cioè di uno che fa scuola, che disegna cartoni, che forma modelli in creta, che corregge materialmente. L'inconfondibile stile partenonico dalle ampie distese forme, dai volti arricchiti da folte e ricciute chiome e barbe, dall'espressione di cordialità pacata e di serenità etica si è formata già durante l'esecuzione delle metope per la presenza della prepotente personalità di Fidia che ha esercitato il suo fascino sui collaboratori maggiori, i quali a loro volta hanno saputo diventare i maestri dei minori, interpretando la volontà artistica del grande Capo. È probabile che Fidia abbia scolpita anche una lastra del fregio del lato ovest (Tavv. 2; 3 a) che ho detto essere una specie di campionario per la cavalcata dei lati nord e sud sia per creare il modello di cavallo che voleva essere dominante, sia per indulgere alla sua passione per i cavalli, ma nei frontoni la sua partecipazione deve essere stata diretta solo in quanto, dopo aver ideato, avrà disegnato i cartoni delle grandiose figure, perché ormai dovevasi essere formata una tale affinità fra lui e i suoi discepoli ch'egli poteva essere certo di una esecuzione sicura dei suoi voleri. Forse ha scolpito qualcuno dei meravigliosi cavalli, come quello di Selene (Tav. 3 b), sempre per soddisfare una sua predilezione.

Se si ammette ch'esiste uno stile partenonico che risale all'ammaestramento fidiaco, si può anche, se non ricostruire compiutamente, per lo meno avvicinarsi al riconoscimento della personalità artistica di Fidia. Io credo che già nella giovinezza egli avesse abbandonato le stesure anatomistiche quanto mai elaborate degli scultori dell'ultimo arcaismo, i volti inespressivi di dei e di mortali e quell'eccessiva tendenza alla tettonica per cui, eliminata la sostanza decorativa delle chiome e delle barbe o delle pieghe dell'abito, le figure erano bella e pura poesia ma spesso fredda, ed è certo che egli venne alla scultura dalla pittura e che fu scolaro di Polignoto di Taso di cui si dice che fu « ethikos » ed « ethikologos » ossia pittore spirituale e insieme descrittore di figure spirituali.

Una scultura antica più volte copiata sembra possa essere riconosciuta come sua opera giovanile (Tavv. 4 - 5 - 6 a), l'Apollo di Cassel[1]. Sappiamo da Pausania che una statua di Apollo era sull'Acropoli, opera

1) Si veda la magistrale descrizione di A. Della Seta, *Il nudo nell'arte*, pp. 196 s. e inoltre D. Mustilli, *Il Museo Mussolini*, pp. 141 s. e *Bull. Comm. Arch. Com. Roma*, LXI, 1933, p. 89 s.; Becatti, *op. cit.*, p. 145.

di Fidia, e, da lui stesso e da varie fonti, altre rappresentazioni del dio sono citate come contemporanee ed attribuite ad artisti diversi. Le repliche a noi giunte permettono di assegnare l'archetipo di una all'artista Calamide e altre a scuole peloponnesiache. Questa sarebbe senza paternità, ma a vederla così piena di vita, di solennità e insieme d'intelligenza, a vedere quella chioma così soffice e ricca di volumi attorti, non sembra si possa resistere alla tentazione di vedere in Fidia giovane il suo artefice, il quale già avrebbe in esso dichiarato i suoi ideali di architetture ampie e solenni, ed animate da ricchi chiaroscuri.

Ciò era necessario premettere per fare osservare che lo scetticismo del Rizzo sulle possibilità della conoscenza di Fidia era un po' troppo sconfortato tanto più che da poco era stata scoperta una testa colossale di Zeus a Cirene (Tavv. 7 - 8 - 9), in cui anche elementi esteriori inducevano a riconoscere una riproduzione dello Zeus fidiaco di Olimpia. Le proporzioni dimostravano anzitutto che si trattava di un simulacro e non di una statua eretta da un privato, inoltre la scoperta era avvenuta in un tempio dove, oltre alla testa, si era trovata un'iscrizione dedicata a Zeus Olimpio, la testa era svuotata nell'interno come si sarebbe fatto in una testa d'avorio e mancava il corpo, sicché era lecito pensare che fosse di materiale deperibile, il quale si potesse facilmente dipingere in modo da riprodurre lo Zeus crisoelefantino di Olimpia.

Il Rizzo nel suo articolo riconobbe ciò e avvertì anche i lettori ch'egli non voleva trasmettere la sua perplessità, di fronte alla possibilità di un riconoscimento degli aspetti essenziali dello Zeus di Olimpia in quello di Cirene, allo scopritore Giacomo Guidi, che si accingeva alla pubblicazione dell'opera [1] ma che desiderava attendere ancora una nuova discussione. I tempi per questa sono venuti or non sono molti anni, quando la professoressa Maria Santangelo [2] pubblicò una piccola testa fittile di Zeus trovata nella contrada Scasato a Falerii Veteres (Tav. 6, b, c) che è una riproduzione dello stesso tipo. Il fatto che una tipologia si ritrovi in una grandiosa opera a Cirene e una minuscola terracotta presso Roma dimostra che l'originale era celebre. Ma vi è di più. La testa ha precise analogie con quelle di figure anziane dalle folte chiome e barbe ricciute del fregio del Partenone e con monete dell'Elide dell'età fidiaca (Tav. 10 a, b). Oggi la maggior parte dei dotti sono inclini a riconoscere nel tipo di Zeus di Cirene il ricordo di quello di Olimpia, ma quando il Guidi pubblicò la sua scoperta, era comprensibile ch'egli non s'impegnasse in un simile riconoscimento, perché studi autorevoli inducevano ancora molti studiosi a decidere che

1) G. Guidi, *Lo Zeus di Cirene*, in *Africa Italiana*, I, 1927, p. 3 s.

2) M. Santangelo, *Una terracotta di Faleri e lo Zeus di Fidia*, in *Bollettino d'Arte* 1948, p. 1 s.

l'iconografia fosse data da monete dell'Elide di età romana, dall'Imperatore Adriano in poi, e da due gemme romane di grande bellezza di cui una, da Amisos nei Musei di Berlino (Tav. 10 c) e la seconda al Museo dell'Ermitage di Leningrado. Il Dio ha un aspetto molto severo, la barba ha una stilizzazione arcaica e così la chioma raccolta severamente in una treccia sulla nuca da cui scendono due cernecchi.

L'acconciatura in sostanza è quella dei giovani e degli uomini maturi della classe elevata dal 480 a. C. al 460 a. C. e si ritrova oltre che in vasi attici e nell'Apollo del frontone orientale del tempio di Olimpia anche nell'Apollo di Cassel, che ho detto essere, secondo me, opera giovanile di Fidia. L'acconciatura peraltro non è un elemento che possa classificare da sola stilisticamente un'opera. Tanto le gemme quanto le monete che rappresentano lo Zeus olimpico con l'acconciatura arcaica sono di età imperiale romana; la congettura che esse rappresentino non lo Zeus olimpico ma quello dell'Olimpieon di Atene che, com'è noto, fu quasi tutto opera dell'imperatore Adriano può essere accettata, tanto più che la sua fredda, arcaistica eleganza formale ben risponde al gusto dell'accademismo quanto mai eclettico adrianeo. Inoltre se si ammette la paternità fidiaca del tipo di Zeus delle monete adrianee non si sa come spiegare un'evoluzione da quel freddo e pensoso tipo dello Zeus arcaico alle figure piene di solennità ma anche di vita e di calore del Partenone.

Per lo Zeus di Cirene siamo in una situazione molto più favorevole; egli può ben essere una riproduzione del simulacro di Olimpia per le ragioni circostanziali cui abbiamo accennato e anche perché risponde al pieno trionfo della personalità fidiaca ossia alla conquista di quella forma solenne e insieme pittoricamente animata, che ho descritta. Occorre peraltro avvertire che chi vede nello Zeus di Cirene la riproduzione di quello di Olimpia deve altresì riconoscere che l'opera è stata eseguita dopo che si era espletata tutta l'esperienza partenonica, perché se volesse far precedere questa statua alla costruzione del Partenone, dovrebbe anche necessariamente ammettere che lo stile partenonico esisteva prima del Partenone. Io ho detto che ciò non è vero, perché ho constatato come nelle metope, le prime decorazioni plastiche eseguite per quell'edificio, si trovano tendenze stilistiche diverse non ancora amalgamate.

A me sembrerebbe sufficiente ragione questa per stabilire la priorità cronologica della Parthenos sullo Zeus, aggiungendo che nessuna esperienza ci autorizza ad ammettere in Grecia la contemporaneità di due linguaggi artistici così diversi, come sono quello delle sculture del tempio di Olimpia, astratte nella loro titanica severità, e quello d'una fresca, pittorica vivacità com'è lo stile dello Zeus di Cirene; tuttavia ritengo utile accennare anche ad altri argomenti, tralasciando le fonti storiche le quali non ci permettono di pronunciarci né in favore né a sfavore della tesi di priorità e che sono state studiate già troppe volte perché convenga ritornare sulla questione [1]. Una ragione che mi sembra probatoria e ad altri contraria [2] è che mentre il Partenone fu costruito con determinate misure, proprio come uno scrigno, per contenere il prezioso dono votivo del colosso crisoelefantino, ché tale era la Poliade, e non statua di culto, e che pertanto furono alterati dall'architetto Ictino i rapporti canonici dell'ordine dorico, ossia ponendo otto colonne sulla fronte anziché sei e allargando la cella sicché l'ambu-

1) Plutarco, Diodoro e lo Pseudo-Aristodemo dicono che Fidia fu accusato di aver sottratto parte dell'avorio destinato alla statua crisoelefantina di Atene e fu condannato e che morì in carcere ad Atene; Filocoro invece, sull'autorità di Aristofane, riteneva che fosse fuggito nell'Elide, dove costruì lo Zeus e dove morì. GAETANO DE SANCTIS (Pericle, p. 242 s.), riassunse così la questione, citando il passo aristofanesco della « Pace » (vv. 603-611) dove Trigeo dice ai villici: « O savissimi contadini, intendete le mie parole, se volete sapere come questa (pace) perì. Ne cominciò la rovina Fidia con le sue disgrazie; poi Pericle, temendo di partecipare a' suoi guai e paventando il vostro naturale e i vostri modi rissosi, prima che capitasse qualche guaio anche a lui, mise a fuoco la città gittandovi la piccola scintilla del decreto megarese e soffiando ne fece nascere un incendio che col suo fumo costrinse a lagrimare tutti i Greci, quelli di là e quelli di qua ». Questa, badiamo era l'opinione d'Aristofane, ma non quella del popolo ateniese perché nella commedia tanto Trigeo quanto il capo del coro manifestano comicamente il più vivo stupore per la rivelazione inattesa. Eppure sulla base di tale rivelazione storici antichi e critici moderni hanno costruito non senza notevoli varianti la tesi che ragioni di politica interna incitarono Pericle alla guerra, e cioè che, turbato dagli attacchi de' suoi avversari e temendo di soggiacervi per conservare il potere, suscitò come diversivo il grande conflitto.

Non è dubbio che gli attacchi contro Pericle si sono moltiplicati nel periodo antecedente alla guerra del Peloponneso. La cronologia ne è alquanto incerta, ma non si va lontano dal vero ascrivendoli approssimativamente all'anno 432. Il primo, come parrebbe da Aristofane, fu quello contro Fidia. Uno degli artigiani che lavoravano sotto la direzione del maestro, un meteco di nome Menone, si presentò come supplice all'altare dei dodici dei nell'agorà di Atene, e poiché le denunzie ritenute false erano punite di morte, ottenuta dal popolo l'impunità (adeia) per la denunzia ch'egli intendeva fare, accusò Fidia d'aver sottratto parte dell'avorio destinato alla statua crisoelefantina di Atena. Fidia fu incarcerato; sull'esito del processo e sulle ultime vicende del grande scultore non abbiamo che notizie contradditorie. Pare che prima della condanna egli riuscisse a fuggire e che al periodo posteriore alla fuga spetti il suo soggiorno in Elide e la costruzione della statua crisoelefantina di Zeus Olimpico, la cui annua ripulitura fu poi un ufficio onorifico affidata ivi a' suoi discendenti col nome di « phaidyntai ». Ma in Atene il processo sembra aver avuto il suo seguito in contumacia con un verdetto di condanna perché al denunziatore fu mediante un decreto presentato da un tale Glicone concessa « l'atelia », cioè l'esenzione dall'imposta che gravava sui meteci. Dell'accusa noi ignoriamo quale fosse il vero movente ma, tutto considerato, pare assai probabile che attraverso Fidia si cercasse di colpire il suo grande amico e protettore Pericle, il quale era stato nella commissione di sovrastanti (epistati) creati per la statua di Atena. Questo lato politico del processo ci rende incerti intorno al valore del verdetto che del resto stesso non è neppure testimoniato con sicurezza. Comunque, non solo è indubbio che Pericle rimase personalmente ferito dalla sorte del suo amico ma, se è invenzione l'asserto di Aristofane che lacro esterno risultò troppo stretto, il tempio di Zeus ad Olimpia fu costruito da Libone secondo proporzioni ormai regolamentari. È evidente che nel 465 a. C. quando il tempio di Olimpia fu finito non si pensava di collocarvi un colosso, tanto poco proporzionato alla cella che gli stessi antichi osservavano irriverentemente che se si fosse alzato in piedi avrebbe sfondato il tetto, ma una statua, sempre colossale, ma di un'altezza verosimile.

egli temesse per sé eguale sorte, non può correre dubbio che dalla disgrazia di Fidia rimanesse compromessa la sua meritata fama di probità.

Lo stesso va detto per l'accusa mossa contro Anassagora. Questa fu preparata da un decreto di Diopite il quale permetteva che con la grave procedura dell'« eisangelia » usata pei reati contro lo stato venissero colpiti quanti negavano gli dei o insegnavano a ragionare delle cose celesti; decreto diretto particolarmente contro Anassagora di cui erano noti i concetti intorno al sole e alla luna in palese contrasto con la religione popolare che considerava i due astri come essere divini. Con questa procedura fu presentata contro il filosofo l'accusa di empietà (asebia). Come accusatore la nostra tradizione nomina Tucidide di Melesia ovvero Cleone, segno che probabilmente il nome dell'accusatore si ignorava e che l'accusa si è attribuita in via di congettura all'uno o altro dei maggiori avversari di Pericle dopo la morte di Cimone. Anche sul processo e sulla condanna di Anassagora le notizie che abbiamo sono contraddittorie e destituite di valore. Solo cosa certa si è che il filosofo fuggì da Atene recandosi a Lampsaco dove visse fino alla morte tranquillo e onorato. Anche qui sull'accusa e, se ebbe veramente luogo, sulla condanna ha influito, oltre il terrore che incutevano dottrine ritenute inconciliabili con la religione popolare e però di grave pericolo per la vita dello Stato con essa strettamente collegata, anche la palese e sorda avversione a Pericle che si sapeva amico ed estimatore di Anassagora e si sospettava ne condividesse le dottrine.

Infine l'accusa con cui si volle colpire più da vicino il vecchio statista fu quella di empietà intentata contro Aspasia alla quale si associò, non sappiamo se formalmente ovvero soltanto per accenni fatti dall'accusatore, quella più infamante di prossenetismo. Pericle che a quanto si dice, era intervenuto nella difesa di Anassagora non poté non intervenire in quella di Aspasia come suo patrono legale e riuscì con le lagrime, narra uno scrittore quasi contemporaneo, Eschine socratico, a strapparne l'assoluzione ai giurati. Dove il particolare delle lagrime non è sicurissimo perché Eschine nel suo dialogo *Aspasia* si permette grossolane alterazioni della verità storica mentre altre fonti lodano il contegno dignitoso da Pericle tenuto sempre dinanzi al popolo e in specie si afferma che l'unica volta in cui lo videro piangere fu ai funerali del figlio Paralo. Comunque, Aspasia venne assolta e a differenza di Fidia e di Anassagora continuò a vivere in Atene, sempre però segno alle beffe e alle insinuazioni dei comici.

Queste accuse dimostrano che la opposizione contro Pericle nel periodo immediatamente anteriore alla guerra del Peloponneso era vivace ed attiva, sebbene non osasse prendere di mira nei suoi attacchi lui stesso. Si era fatta più vivace perché agli antichi avversari di Pericle, quelli che lo avevano combattuto sotto Cimone e sotto Tucidide di Melesia, se ne erano aggiunti altri. E prima di tutto i democratici più radicali e più violenti ai quali la politica di Pericle negli ultimi anni, quando egli aveva più pieno il dominio sopra se stesso e sopra i cittadini, pareva troppo cauta e moderata ».

2) BECATTI, *op. cit.*, pp. 128, 129.

Considerato che si trattava di un simulacro del culto e non di un donario com'era l'Atena Poliade, è possibile che la prima statua ospitata nel tempio abbia risposto a un'iconografia nota, forse a quella rappresentata già nell'VIII sec. da un bronzetto di guerriero con l'elmo in capo e il braccio levato probabilmente per scagliare il fulmine, trovato sotto il pavimento del primo Heraion [1]. L'ipotesi che il simulacro di Zeus armato sia stato prima nell'Heraion accanto a quello di Hera e poi trasportato nel tempio liboniano [2], è accettabile perché la divinità principale di Olimpia nei tempi più antichi fu Hera, la grande dea peloponnesiaca, non Zeus, il quale non ebbe un proprio tempio fino al 465 a. C., cioè trecento anni dopo Hera. Egli aveva quindi una statua nell'Heraion perché sposo di quella dea, non come divinità del culto principale dell'Altis. Quando esso si fu sufficientemente affermato ottenne un proprio tempio e vi fu portato il simulacro dell'Heraion. In seguito gli Elei vollero emulare Atene e Fidia concepì per loro un'immagine rispondente al nuovo sentimento etico, ossia quella della divinità benigna e protettrice, non fulminatrice. La vecchia statua ritornò probabilmente nel tempio di Era.

Un altro argomento portato a favore della priorità cronologica dello Zeus sulla Parthenos è che la Nike da lui sostenuta nella destra, nelle repliche in cui taluno vuol riconoscerla [3], ha caratteri stilistici meno maturi di quelli della Nike portata dalla Parthenos (Tav. II a). Senza entrare in particolari si può dire che confronti probativi non si possono istituire perché non sono affatto sicuro che le tre repliche di Parigi e Berlino (Tav. II b), oltre a tutto scadenti e diverse fra loro, rappresentino la Vittoria dello Zeus di Olimpia e perché per la conoscenza di quella di Atene non si può utilizzare altro che la piccola riproduzione del « Varvakion » (Tav. II c), opera veramente di scalpellino [4]. Il fatto che quest'ultima abbia un ritmo più movimentato, mentre l'altra ha un'impostazione verticale, che le conferisce un'intonazione più arcaica, si potrebbe spiegare non come una diversità cronologica, ma di composizione. Nell'Atena il movimento diagonale della Nike doveva correggere la rigidità della colonna di sostegno, inevitabile ma brutto ripiego statico, nello Zeus la verticalità e la frontalità della Nike erano consentanee con gli elementi verticali del trono e la piena frontalità del Dio.

A dimostrare quanto si sarebbe imprudenti a trarre conclusioni dal confronto fra le due Vittorie sta una scoperta importantissima compiuta dal Kunze nello scavo dell'officina di Fidia ad Olimpia, vista anche da

1) W. Dörpfeld, *Alt Olympia*, I p. 102, II tav. 17.
2) F. Weege, *ibid.*, II p. 449 s.
3) H. Schrader, *Jahrbuch. d. deutsch. arch. Inst.*, 1941, p. 13 s.
4) Brunn-Bruckmann, *Denkm. d. gr. u. röm. Plastik*, n. 39.

Pausania (V, 15, 1), destinata a ricevere il modello in grandezza naturale dello Zeus. Esso mise in luce le matrici fittili destinate alla martellatura delle placche d'oro costituenti il manto di Zeus e le vesti delle altre figure. Dalle notizie preliminari e dalla relazione esauriente, se non definitiva, dello scopritore appare chiaro che lo stile dei panneggiamenti corrisponde alla maturità dell'arte partenonica e che la data posteriore di qualche decennio dalla Parthenos è confermata dai rinvenimenti di ceramiche attiche [1].

Lo Zeus di Olimpia fu probabilmente l'ultima opera d'arte di Fidia. Ho parlato di una delle prime opere giovanili, dell'Apollo di Cassel, ho posto nel periodo intermedio le sculture del Partenone, originali non copie; non mi sembra difficile dunque giungere al riconoscimento della personalità. Ma non è solo la personalità che interessa lo storico, ma anche il modo di vivere del genio, il suo ambiente, i suoi compagni di vita. Fidia ebbe come compagni nel periodo più felice della sua vita due persone che influirono potentemente sui destini della Grecia e del mondo: Pericle anzitutto e poi Anassagora. Del primo sappiamo che fu di una perenne elevatezza di costumi e di pensieri, schivo dai piaceri e dal frastuono, probo, laborioso e tenace. Egli fu senza dubbio molto colto perché la sua eloquenza riusciva a convincere senza artifici demagogici, anzi suscitando argomenti che avrebbero dovuto irritare l'uditorio, non indurlo all'applauso. Per quanto riguarda la sua religiosità sappiamo con certezza che fu libero da superstizioni, ma che non fu negatore della religione ufficiale. Nell'orazione per i caduti nella guerra di Samo egli eguaglia quegli eroi divenuti immortali agli dei che noi « *non vediamo, ma riteniamo che siano immortali per gli onori che ricevono e per i benefici che fanno* ».

La grandiosa impresa di abbellimento dell'Acropoli non fu certamente concepita solo per aumentare la gloria della città o per fini sociali ossia per evitare la disoccupazione, come sembrerebbe si dovesse arguire da queste parole « *essendo conveniente che la città fornita abbastanza di ciò che è necessario per la guerra, deva la sua ricchezza per quella cose di cui, quando siano attuate, riescano eterne alla glorie, e mentre si attuino ne rinonderà subito benessere, offrendosi occasione di ogni sorta di lavoro e di molteplici esigenze, lavoro ed esigenze che chiameranno a raccolta ogni arte e metteranno in moto ogni mano e impiegheranno a mercede tutta intera per così dire la città che di quel lavoro insieme si adorna e si sostenta* », perché imprese di tale impegno non si attuano – e nei modi in cui furono attuate – solo per istanze sociali e politiche, senza un sentimento religioso animatore. È del resto impossibile riconoscere in Pericle un empio, nei confronti

1) *Bull. corr. hell*, LXXXI, 1957, p. 566 s.; E. Kunze in *Neue deutsche Aussgrabrungen in Mittelmeergebiet etc.*, Berlino 1959, pp. 291-295.

della religione ufficiale, quando si ricordi che al fondo del suo pensiero politico e anzi come origine di tale pensiero è la « polis », il trinomio stato-popolo-religione. Si sa anche quale fosse la sua ambizione politica, di fare della « polis » di Atene lo Stato-pilota per giungere all'unità nazionale, Stato-guida il quale avrebbe dovuto raggiungere il predominio in Grecia nella sfera spirituale, sì che da questa derivassero il predominio politico e quello economico. In vista di questo ideale si comprende come volesse elevare la dea Atena non solo a simbolo di forza guerriera, ma anche di meditazione e di saggezza protettrice. L'ardente amore per la sua città non fu incontrollata passione, poiché fu legata, come fossero due elementi indissolubili, a una disposizione al razionalismo che potrebbe sembrare in contrasto con l'idealismo di cui abbiamo parlato e che invece non fu, perché aspirazioni idealistiche possono perfettamente sostenersi attraverso attuazioni realistiche. Pericle aveva una sua religione, quella della « polis », e sapeva quale importanza avesse il simbolo religioso di fronte alle plebi, ma voleva educare il suo popolo a forme meno fanatiche di bigotteria di quanto fossero quelle praticate fino allora. Per questo cercò di attuare un piano regolatore dell'Acropoli in cui pochi monumenti si stagliavano in ritmi ordinati.

L'asse dell'Acropoli (Tavv. 12 - 13) è ancora facilmente determinabile ed era già stato riconosciuto da coloro che avevano costruito l'« archaios neos » sulle case che un tempo erano state dei re d'Atene dell'epoca micenea. Il I Partenone, all'epoca di Clistene era stato impostato parallelamente a quel più antico tempio di Atena e con disposizioni ortogonali furono previste da Pericle le costruzioni dei Propilei e dell'Eretteo, mentre il nuovo scrigno per ospitare la bella statua di oro e di avorio di Atena, ossia il Partenone, avrebbe dovuto sorgere sulle fondazioni del I Partenone, ossia della costruzione che aveva dato origine al piano regolatore. Di fronte a queste regolarità geometriche dovrebbe riuscire strano trovare spostato notevolmente il tempietto di Atena Nike (Tavv. 15 - 16), ma ciò non fa meraviglia quando si pensi che quel tempietto doveva essere orientato per ragioni religiose sul suo altare, il quale stava all'origine del santuario.

La stessa spiegazione, risalente ad una resistenza di elementi conservatori di fronte alla politica anticonformista di Pericle in questione di religione, si deve ammettere nel mancato completamento dei Propilei (Tav. 16) e dell'Eretteo (Tav. 17). Tutti gli studiosi sono concordi nel riconoscere che ambedue gli edifici avrebbero dovuto avere una simmetria bilaterale consona al gusto per l'ordine dei greci e che non fu attuata per ragioni che devono essere ricercate storicamente. La banale giustificazione che i due edifici non sono stati finiti perché la guerra del Peloponneso aveva prosciugato l'erario non regge, in quanto Atene negli ultimi decenni del v sec. e anche nei primi del iv svolse una politica energica, la quale palesa una sostanza economica tutt'altro che indifferente, senza contare che il completamento dei due edifici di cui discorro non avrebbe creato un grande onere per lo Stato, e qualsiasi capomastro di oggi lo saprebbe dimostrare con preventivi in cifre rapportabili da uno storico delle antichità in valori di allora. Voglio anche aggiungere, che l'Eretteo, uno degli edifici periclei non finiti, fu portato a compimento soltanto verso la fine del v sec. a. C., ma non in tutte le sue parti, bensì in quelle che lo Stato aveva permesso di coprire e di decorare. Evidentemente non si voleva aggiungere nessuna muratura dell'elevato oltre a quella che esisteva. Ciò dimostra chiaramente un deliberato proposito del governo di Atene, dopo la morte di Pericle, di boicottare i suoi progetti.

Nel caso dei Propilei [1] occorre ricordare ch'essi dovevano avere una parte centrale traforata con colonne dove passava la via processionale, la quale era fiancheggiata da due ali avanzate con colonnato anteriore; sui fianchi del passaggio centrale dovevano essere costruite due aule probabilmente a due navate e certamente con un colonnato anteriore perché esistono le due ante iniziali (Tav. 18 - 19). Il passaggio centrale e il corpo avanzato di Nord furono eseguiti secondo il progetto, di quello di Sud fu costruito il colonnato di facciata, ma l'interno fu atrofizzato, in quanto fu costruito un piccolo vano inservibile, semplice anticamera del recinto di Atena Nike; nessuna delle due aule fu costruita, ma la loro progettazione è testimoniata dalle due ante cui abbiamo accennato. Il fatto che si tratti di una costruzione incompiuta è eloquentemente dimostrato dalle bugne che servivano ad arrestare le corde per il sollevamento dei blocchi e che tutti i greci, e particolarmente gli attici, avevano cura di scalpellare quando i muri erano finti. Tutta la parte a sud non fu finita perché ivi erano oltre e al di là del recinto sacro di Atena Nike vari piccoli santuari con altari e statue all'aperto, di Ecate Epipirgidia, di Ermete Propileo, delle Cariti, tutte divinità venerande che esistevano colà da età antichissime, perché protettrici della porta di casa e quindi del benessere, in quanto l'Acropoli era considerata come una grande casa. Inoltre tutta l'area dove erano stati progettati i due vani di Sud era traversata da un grosso resto della cinta ciclopica micenea, detta « il Pelargico », che aveva carattere sacro, perché varii decreti proibivano di cogliere erba e legna nel recinto e di spogliarlo dalle sue pietre. L'ultimo decreto [2] rinnovante il divieto è proprio della seconda metà del v sec. a. C., quando i Propilei erano in costruzione, quindi esso può essere considerato una presa di posizione contro l'espletazione integrale del progetto pericleo. Non si sa quali santuarietti fossero nell'area dell'aula di Nord ma è chiaro che anche se fosse stata

1) W. JUDEICH, *Topographie von Athen*, Monaco 1931, pp. 217-233.
2) IG. I^2 76, 54 p. - Dittemberger, *Syll.* 383.

sgombra, gli Ateniesi non avrebbero ultimata quella parte e lasciata incompiuta l'altra.

Per quanto concerne l'Eretteo è certo che Pericle aveva previsto di unire in un unico edificio non templare, con due sale uguali, un vestibolo a colonne e la loggetta delle Core, i culti aviti di Atena, di Posidone, dei Cecropidi e degli Erettidi, ma che il partito conservatore glielo impedì. E fu un grave danno perché non solo non venne finito un edificio progettato con grande finezza (Tav. 15 a, b), ma si coprirono parti molto belle come tutta la facciata sud con la loggetta delle Core, lasciando in piedi quel tanto che rimaneva dell'« Archaios neòs », ossia del tempio soloniano e pisistratico di Atena, dopo la distruzione dei Persiani. Il « Tempio antico » era stato prima di pietra tenera, poi sotto i Pisistratidi aveva avuto, una decorazione scultorea in marmo, sicuramente nei frontoni, forse con un fregio sulla cella; era molto importante non solo perché era il vero duomo della città, dove si venerava il simulacro di legno di Atena, caduto dal cielo, ma anche perché nel suo opistodomo si custodivano il tesoro dello Stato e il tesoro della Lega attica, e che era quindi una specie di grande forziere. Visto che l'opistodomo esisteva ancora al tempo di Demostene [1], la dimostrazione della persistenza del « vecchio tempio » anche in età postpericlea sarebbe già data, ma un'altra è fornita dal racconto di Senofonte [2] dei danni subiti nell'incendio del 406 a. C. dal tempio, per cui è impiegata la formula *palaiòs neòs* che significa « tempio antichissimo », non semplicemente vecchio tempio.

Nel 406 a. C. dunque il tempio antico veniva danneggiato e restaurato come si poteva, mancando ormai del colonnato e delle decorazioni scultoree, e l'Eretteo veniva coperto nella parte che si era stabilito di ultimare. Per comprendere a fondo la questione della coesistenza di due edifici è necessario anzitutto rendersi conto del valore del termine di « Eretteo »; esso non fu mai ufficiale e impiegato solo nel II sec. d. C. [3]. La desinenza, del tutto popolare, può designare la casa di un signore o anche il centro delle sue proprietà, com'è ancora nell'uso; sicché Eretteo non poteva significare per i greci il tempio della dea Atena, poiché in tal caso si sarebbe chiamato « Athenaion », ma soltanto la « casa di Eretteo ». È ben vero peraltro che Pericle aveva previsto di collocarvi anche la statua del culto di Atena tanto che mentre l'edificio era in costruzione è chiamato in un'iscrizione « *il tempio, in cui* (sottinteso *sarà posta*) *la statua antica* » [4] e poiché non fu finito non ricevette mai una denominazione ufficiale.

1) IG. I^2 91/92 – Dem. XXIV, 136 – JUDEICH, *op. cit.*, p. 268 s.
2) Xenophon, *Hell.*, I, 6, I.
3) Paus. I, 26, 5; Pseudoplutarch. XI *Or.* 843, 5.
4) IG. I^2 372, I; JUDEICH, *op. cit.*, p. 271, n. 2.

L'eccezionalità della costruzione progettata fuori da ogni tipologia templare si comprende pensando alla destinazione dell'edificio; esso doveva contenere lo xoanon ligneo della dea, altri oggetti a lei sacri e forse anche l'olivo sacro spuntato dal suolo dell'Acropoli quando Atena, nella contesa con Posidone per il possesso dell'Attica, aveva vibrato un colpo di lancia nella terra; per questo la parte destinata alla dea aveva forse un cortiletto destinato a contenere l'olivo. In questa stessa sezione e nella loggetta delle Core dovevano essere ospitati anche i culti relativi ai Cecropidi. Nel lato opposto e nel pronao erano onorati Posidone e gli Erettidi e protetti i ricordi della contesa per quanto riguardava il dio, ossia i segni del tridente e la polla d'acqua che scaturì dai tre fori. Solo la parte concernente Posidone-Eretteo fu finita e ciò costituisce la prova più evidente che il tempio della Poliade, sia pur ridotto a una povera cosa non fu distrutto e anzi continuò ad essere il tempio ufficiale della dea. Il fatto che un popolo così intelligente e artista come l'ateniese abbia permesso che la splendida vista della spianata dell'Acropoli, come la godiamo noi ora, fosse deturpata in tal modo, ha urtato sempre il sentimento dei moderni, tanto che ancora oggi la maggior parte, non dico degli studiosi comuni, ma anche degli specializzati non si rassegna ad ammetterlo e cerca argomenti per combattere la tesi della persistenza nei secoli dell'« archaios neòs ».

Il più importante sarebbe costituito da una certa confusione che esisterebbe nei passi di Pausania riguardanti l'Eretteo e il tempio della Poliade, la quale autorizzerebbe a pensare che al suo tempo non esistesse più l'« archaios neòs » e che tutte le immagini, gli oggetti sacri, gli altari riguardanti Atena e Posidone fossero raccolti nell'unica stanza dell'Eretteo e che gli ateniesi del II sec. d. C. usassero indifferentemente i termini di Eretteo e tempio della Poliade. Una dimostrazione della validità dell'argomentazione sarebbe data dal fatto che Pausania dopo aver discorso del Partenone, ricorda come successivo monumento architettonico l'Eretteo, mentre se fosse esistito ancora il tempio antico che sta fra il Partenone e l'Eretteo, lo avrebbe descritto prima di questo, la seconda prova starebbe invece nel fatto che il Periegeta ricorda gli oggetti del culto di Atena dopo quelli di Eretteo, sicché si dovrebbe pensare ch'erano commisti. In realtà, se si considera che Pausania non aveva affatto l'obbligo di scrivere con l'ordine che noi esigiamo da un redattore di una guida del T.C.I., ch'era un turista, un erudito e anche un po' impulsivo, perché spesso nella sua opera interrompe un argomento se l'associazione dell'idee lo porta a una nuova serie d'informazioni per il lettore, che a lui sembrano più importanti, nei passi che riguardano i due monumenti non appare affatto oscuro.

Si può affermare anzitutto che Pausania ha compiuto nella sua visita all'Acropoli il percorso più ovvio, quello che si fa anche adesso. È entrato dai Propilei, ha seguito la via processionale, ha visitato il Partenone e poi si è diretto verso il muro sud, con una divergenza che tutti compiono anche oggi, per vedere la pendice meridionale, ricca di grandiosi monumenti, poi si è diretto verso la punta orientale dell'Acropoli, sia per non tornare al Partenone, che aveva già visto, sia perché da quella specie di belvedere si gode una vista incantevole sulla città, sulle colline e i monti che la attorniano. Da quel punto era ovvio dirigersi prima verso l'Eretteo e poi al tempio della Poliade, poiché con questo si arrivava alla strada processionale ch'egli avrebbe dovuto ripercorrere in qualsiasi caso se voleva nuovamente raggiungere i Propilei. Premesso ciò è opportuno presentare ora la traduzione e i commenti dei passi riguardanti i due monumenti.

I, 26, 6 – C'è anche un edificio chiamato Eretteo: e davanti all'entrata è l'altare di Zeus Hypatos, dove non sacrificano nessun animale ma mentre pongono focacce non ritengono che convenga usare il vino. Per coloro che vi entrano sono degli altari di Posidone, sul quale sacrificano anche ad Eretteo secondo l'oracolo, e dell'eroe Bute, e un terzo di Efesto. Sulle pareti sono dipinti della stirpe dei Buttadi. E, poiché l'edificio è doppio, nell'interno v'é pure acqua di mare in un pozzo. E questa non è gran meraviglia, poiché si trova anche presso altri abitanti del territorio più interno, presso i Carii di Afrodisia; ma questo pozzo ha come singolarità il rumore dell'onde quando soffia il vento di noto. E nella roccia c'è il segno del tridente. Si dice che queste cose testomonino per Posidone la sua affermazione di possesso del territorio.

I, 26, 7 – La città è consacrata ad Atena e con tutta la terra; perché sebbene nei demi onorino anche altri dei in nulla di meno venerano Atena. La cosa più sacra venerata in comune molto prima che si riunissero nei demi è la statua di Atena in quella che ora si chiama Acropoli e allora città. È fama che sia caduta dal cielo. E su ciò non voglio pronunciarmi, se fu così o in altro modo; e per la dea Callimaco fece una lampada d'oro; la riempiono d'olio e attendono lo stesso giorno dell'anno dopo; e quell'olio dura tutto l'intervallo di tempo per quanto illumini giorno e notte. E lo stoppino è di lino di Carpato ch'è l'unico che non venga consumato dal fuoco. Sopra la lampada è una palma di bronzo che si eleva fino al soffitto e fa uscire il fumo. Callimaco che ha fatto la lampada, di poco distante dai primi artisti nella versatilità è il maggiore di tutti sicché per primo trapanó le pietre e si diede il nomignolo di katatexitechnos *e lo assunse dopo che altri glielo avevano dato.*

I, 27, 1 – Nel tempio della Poliade è anche un Ermete di legno, che si dice essere un dono votivo di Cecrope, non ben visibile per i rami di mirto. Fra i doni degni di menzione, di quelli più antichi una seggiola pieghevole opera di Dedalo, e del bottino persiano la corazza di Masistio che a Platea ebbe il comando della cavalleria e un pugnale che si dice essere stato di Mardonio...

Pausania incomincia: « Ἔστι δὲ καὶ οἴκημα Ἐρέχθειον καλούμενον ... Va notato ch'egli dice οἴκρμα non ναός, cioè un « edificio », una casa, non un tempio, perché effettivamente l'Eretteo non rassomiglia affatto a un tempio; poi nomina gli oggetti del culto di Posidone e degli Erettidi, quando gli sorge il dubbio, psicologicamente giustificato, che il lettore possa dare molta importanza a quelle cose sacre, mentre in verità nella città le vere reliquie riguardano Atena ch'egli non dice dove siano, in parte perché la notizia era superflua, visto che l'esistenza del tempio antichissimo di Atene era nota, e in parte perché preso dall'urgenza di precisare la preminenza di quegli oggetti su gli altri del culto di Posidone-Eretteo. Nessuna incertezza riguardo alla possibilità che egli abbia visto i cimeli delle due divinità ammassati nell'Eretteo – l'unico edificio sacro che secondo gli avversari della tesi da me sostenuta sarebbe stato allora in quella zona dell'Acropoli – rimane quando si legge la prima riga del I, 27, 1: κεῖται δὲ ἐν τῷ ναῷ τῆς πολιάδος Ἑρμῆς ξύλου che significa: « esiste *anche* nel *tempio* della Poliade un Ermete di legno ». Ho sottolineato le due parole perché sono risolutive. Quel δέ in principio di capoverso vuol dire la continuazione del discorso precedente e la parola ναός indica un tempio, non un οἴκημα, una casa, com'era l'Eretteo. È così dimostrato che il vetusto rudere dell'« archaios neòs » rimase e che nascose alla vista dei visitatori parte di quello splendido gioiello ch'è l'Eretteo, il quale non fu terminato (Tav. 23 a). L'ostinata ottusa opposizione dei retrogradi trionfò sulla genialità di Pericle che tanto più ammiriamo, perché non ebbe una vita facile.

La mia lunga digressione era necessaria per riconoscere quanto abbia attinto Fidia dalla cultura periclea e dalla sua disposizione all'ordine matematico, oltre che dal suo ardente amore per la sua città ch'egli voleva essere guida alle altre città greche per il raggiungimento dell'unità. Fidia rappresentò per tre volte Atena sull'Acropoli, una colossale all'aperto, armata, l'Atena Promachos, con lo scudo e la lancia, dalla cuspide così alta che poteva essere vista dai naviganti oltre il capo Sunion; era la dea raffigurante la potenza di Atene; poi rappresentò la dea non armata sempre con l'egida, ma con l'elmo in mano, la dea giovanile e pensosa, l'Atena Lemnia di cui la replica migliore è nel Museo Civico di Bologna. È questa l'Atena del pensiero, la dea costruttrice della civiltà; in seguito il grande gioiello in oro ed avorio adorno di pietre preziose che doveva essere conservato nel meraviglioso scrigno del Partenone, la dea Atena Poliade, creatrice del benessere della « polis » per eccellenza, di Atene. Noi non conosciamo le fattezze della dea « Promachos », ma in qualche modo possiamo ricostruire la dolcezza e la benevolenza della Parthenos attraverso la gemma di Aspasios (Tav. 21). La splendida replica Palagi (Tav. 22) dimostra come prima di giungere a questa concezione di dea protettrice e serena, egli avesse voluto esprimere nell'immagine divina dell'Atena Lemnia un pensiero profondo, quasi ricerca delle origini delle cose. Nell'esaltare l'amata dea Fidia seguì il desiderio del suo protettore Pericle e così lo seguì nel rappresentare sul Partenone tanti miti esaltanti la vittoria della civiltà occidentale sulle barbarie, i quali non dovevano far dimenticare la parte preminente avuta da Atena nella vittoria sui Persiani e inoltre gli diede soddisfazione raffigurando con grande larghezza la cavalleria ateniese, creazione periclea.

Con ciò la ricostruzione dell'immagine umana di Fidia non è finita; esiste un elemento spirituale più alto che lo isola fra i suoi contemporanei ed è quello della ricerca di un nuovo credo religioso, cui è giunto sicuramente attraverso agli insegnamenti di Anassagora. Questi fu descritto dagli antichi come un ateo e certo lo fu nei riguardi della religione olimpica ma non per quanto riguardasse le sue aspirazioni spirituali, ché anzi egli cercò di riconoscere un ordine cosmico e di riferire ad esso gli avvenimenti umani. Egli affermò l'eternità dell'intelletto, del « nous », supremo ordinatore del mondo, che è « *infinito ed ha forza propria, che non è mescolato a nessuno, ma sta solo di per sé stesso. E come è immortale il nous creatore così è il mondo sempre giovane dell'immortale natura dove si formano gli uomini e gli altri animali che hanno un'anima e questi uomini possiedono città abitate e campi coltivati allo stesso modo che presso di noi e hanno anche il sole e la luna e le rimanenti stelle come presso di noi e la loro terra produce loro molte cose di ogni genere delle quali essi portano a casa il meglio e vivono di esse* »[1]. Il concetto di ordine cosmico anassagoreo si avverte in Fidia perché per più volte ha concluso le sue composizioni fra le immagini del sole che sorge e della luna che tramonta, immagini ch'egli ha inserite con precise intenzioni nell'incorniciare tre scene di alto significato, tutte scene di nascita, di Atena dea del pensiero, di Pandora ossia della prima donna mortale capace di creare una generazione di uomini, nello zoccolo della statua di Atena Parthenos, della nascita di Afrodite, ossia della dea creatrice della vita feconda in tutta la natura, nello zoccolo della statua di Zeus ad Olimpia. Le scene di nascita e le loro figure non sono più rappresentazioni mitologiche ma simboli trasparenti che appartengono alla filosofia, e l'inquadramento cosmico del sole che nasce e della luna che tramonta non vuole significare altro che l'ordine immutabile del kosmos.

Quando si legge il frammento n. 12 del « Della natura » di Anassagora si comprende dove Fidia abbia attinto i suoi insegnamenti: « *Tutte le altre cose partecipano del tutto ; solo lo spirito è un che infinito, che ha forma propria che non si mescola ad alcuna cosa, ma sta solo di per se stesso. Se infatti non fosse di per se stesso, ma fosse mescolato a qualche cosa d'altro, parteciperebbe di tutte le cose, se fosse mescolato a qualcosa ; in tutto infatti c'è una parte di tutto, come dissi più sopra. E le materie a lui mescolate lo limiterebbero sicché egli non potrebbe dominare su nessuna cosa nel mondo*

1) F. Diels, *Die Fragmente der Vorsokratiker, Anoxagoras,* fr. 4.

come farebbe se fosse di per se stesso. Perché egli è la più sottile e la più pura di tutte le cose ed ha la maggiore forza. E su tutto ciò che ha anima, le più grandi e meno grandi, su tutto lo spirito è signore. Anche sull'universo vuoto lo spirito signoreggiò in modo che il moto avesse inizio all'origine. E prima il moto incominciò da un piccolo punto, ma s'ingrandisce sempre di più e sempre di più s'ingrandirà. E tutte le cose che si mescolano e quelle che si scindono e quelle che si separano, tutte le conobbe lo spirito. E le cose quali dovevano essere e quali erano – che non sono più – e quante cose sono e quali saranno tutte ordinò lo spirito, anche le orbite che percorrono il sole, la luna e l'aria e l'etere che sono separati. E fu proprio il moto circolare che provocò la separazione. Si separarono così il sottile dal denso, il caldo dal freddo, il chiaro dall'oscuro, il secco dall'umido. Ci sono molte parti di molte materie, ma nessuna cosa può scindersi o separarsi compiutamente, l'una dall'altra, tranne lo spirito. Lo spirito è in tutto uguale a se stesso, il maggiore come il minore. Nessun altro oggetto è uguale a un altro, ma dove le materie sono contenute in maggior numero, in ciascun oggetto era ed è nel modo più chiaro »

Il motivo del moto circolare degli astri era al centro dunque del pensiero di Anassagora e fu raccolta da Fidia e tradotto in linguaggio d'arte. Egli rappresentò anche gli dei olimpici spensierati e disattenti nel frontone orientale del Partenone, mentre Atena nasce, in lieti conversari nel fregio orientale (Tav. 23 b, c) dello stesso tempio, mentre si esegue la consegna del sacro peplo alla dea. È da osservare che Atena, la dea onorata, non si preoccupa di ciò che avviene nel centro di questo fregio e che i mortali costituenti la testa del corteo panatenaico voltanto le spalle agli dei immortali. Considerato che questi hanno sì forma umana ma dimensioni diverse, perché seduti raggiungono l'altezza dei mortali, e che non si occupano di quanto avviene intorno a loro è da concludere che per Fidia gli dei olimpici potevano forse esistere, ma che erano un ornamento del kosmos. Sole divinità, e ormai simboliche, erano per lui Zeus supremo ordinatore [1] e Atena, la dea scaturita dalla sua mente, il suo stesso pensiero, divenuta la protettrice di Atene, simboleggianti in unione indissolubile il *nous* di Anassagora. Solo così s'intendono le parole di Dione Crisostomo, che scrisse alla vista del colosso di Olimpia: « *Il suo potere e la sua regalità sono espressi dall'energia e dalla maestà della sua figura ; la sua paterna sollecitudine dalla mitezza e benignità dell'espressione, il dio padre e il dio protettore dello stato e custode delle leggi dell'austera solennità ; il protettore dell'amico, del supplice di chi cerca rifugio e le altre sue prerogative di questo genere dell'umanità e dalla dolcezza e bontà ; il dio che dona ricchezza di beni e di raccolti dalla semplicità e dalla grandezza che si irradia dalla sua fi-*

1) Sulla personalità divina di Zeus si vedano le belle pagine di L. A. STELLA in *Mitologia Greca*, Torino 1955, p. 40 s.

gura. Il dio è rappresentato come chi dà e riceve infiniti beni e dona infinite grazie...

Spettacolo dolce e caro al cui incanto nessun sfugge, gioia degli occhi per greci e non greci... E chi fra gli uomini fosse angosciato profondamente nell'anima, avendo dovuto soffrire nella vita pene e sventure senza neppure il conforto del dolce sonno, anch'egli davanti a questa statua pure dimenticherebbe quanto di tremendo e di doloroso ha sofferto nella sua vita di uomo... Visione veramente consolatrice "disperde dolori e rancori, dà l'oblio di tutte le pene"; tale luce e tale fascino è in quest'opera d'arte. Con questa intuizione Fidia ci ha rivelato un'immagine raggiante e divina, tale che chi l'ha vista non può avere ormai altra concezione della divinità. Clemente e solenne dio in un'immagine scevra di passioni».

Ed ora che ho parlato della spiritualità di Fidia per fare risplendere ancora più chiara la sua umanità, voglio dire di una sua debolezza, la passione per i cavalli, non rara nei grandi artisti e ricordo in breve gli esempi di Leonardo, di Donatello, del Verrocchio, e per salire più vicino a noi, Delacroix. Nessuno peraltro li rappresentò con tanta cura, con tanta varietà di aspetti, nessuno pensò di coprire decine di metri di fregio in rilievo con le loro figure. Le tipologie esemplari di cavalli del fregio delle Panatenee sono dovute al suo disegno e sua è anche la splendida ideazione del tipo equino, dai muscoli saldi ed elastici in cui si profila la rete delle vene, e dalla testa meravigliosa nella sua fremente nervosità.

ELENCO DELLE TAVOLE

Il presente studio è stato oggetto di una comunicazione tenuta all'Accademia delle Scienze dell'Istituto di Bologna, pubblicata nelle Memorie dell'Accademia stessa (vol. VII, Serie V, 1957-59, pp. 103-124).

TAVOLE

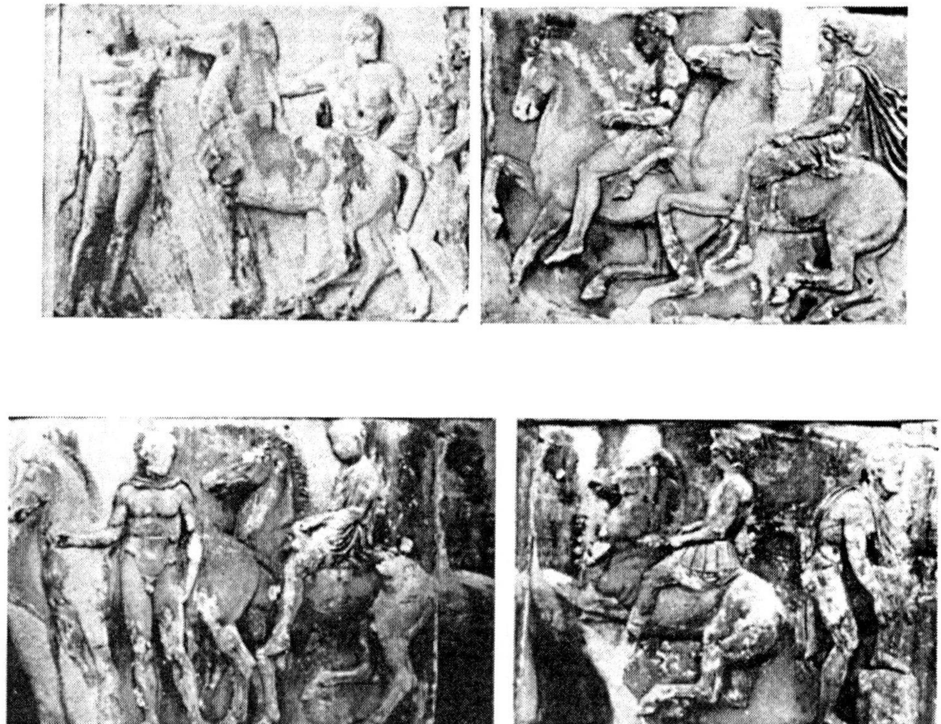

IL FREGIO OCCIDENTALE DEL PARTENOPE.

TAV. 2

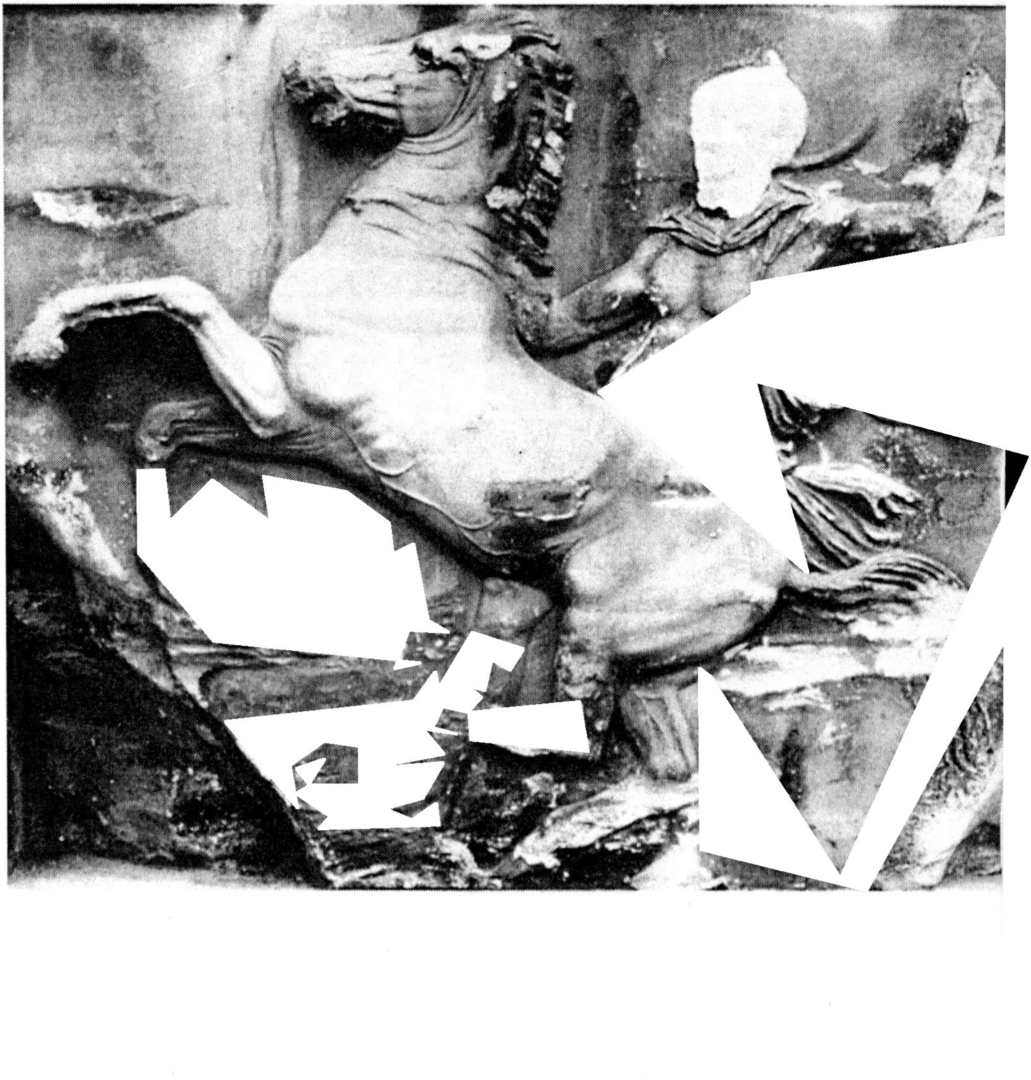

IL BLOCCO VIII DEL FREGIO OCCIDENTALE DEL PARTENOPE

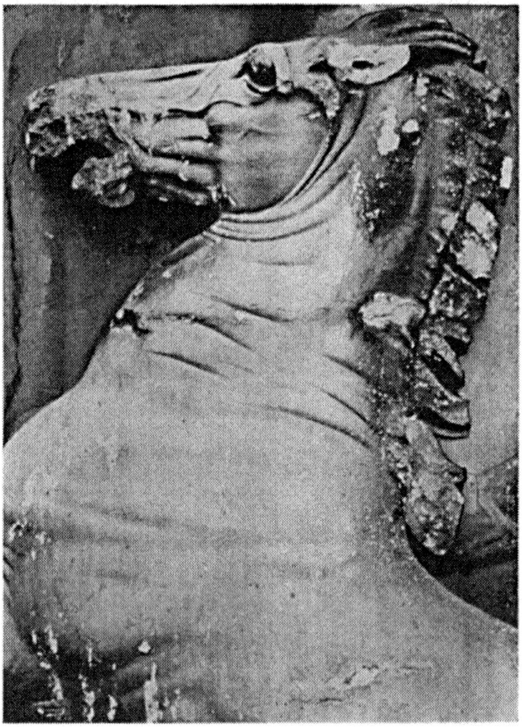

a)

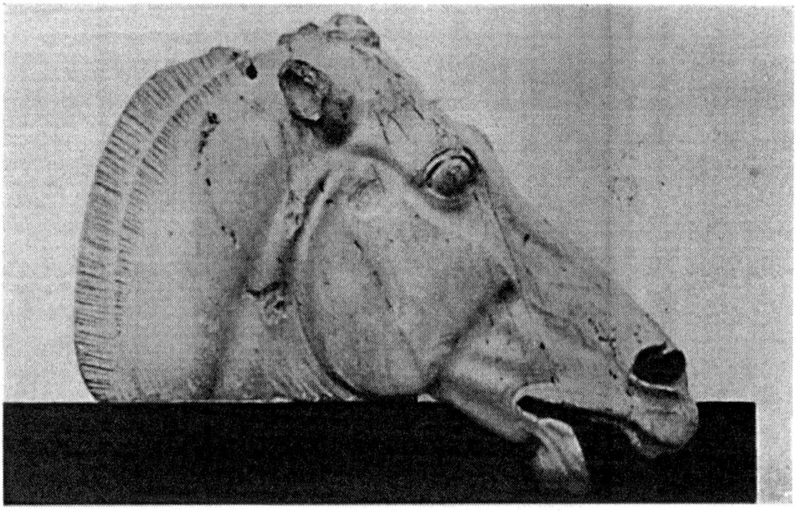

b)

a) PARTICOLARE DEL BLOCCO VIII DEL FREGIO OCCIDENTALE DEL PARTENOPE.
b) IL CAVALLO DI SELENE DEL FRONTONE ORIENTALE DEL PARTENOPE.

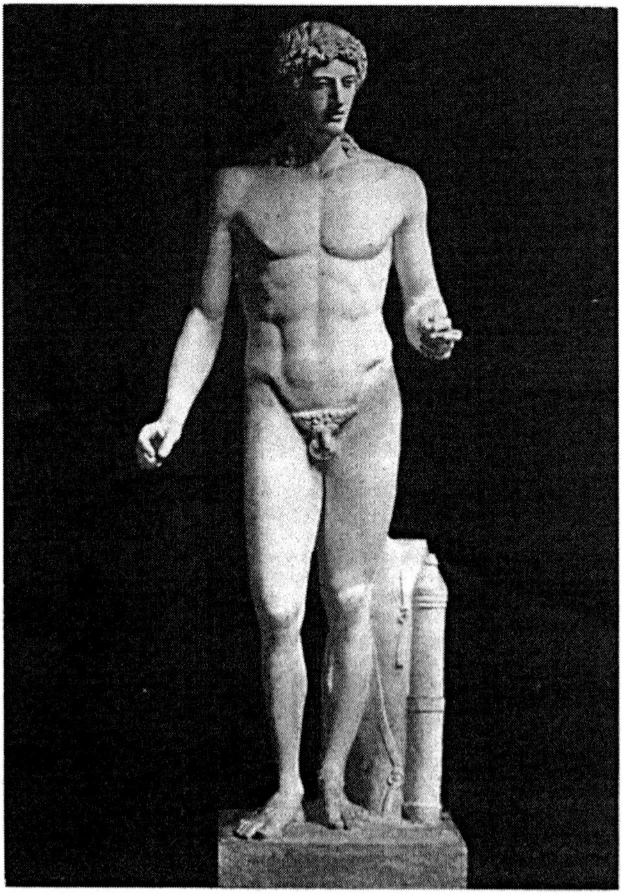

L' APOLLO DI CASSEL.

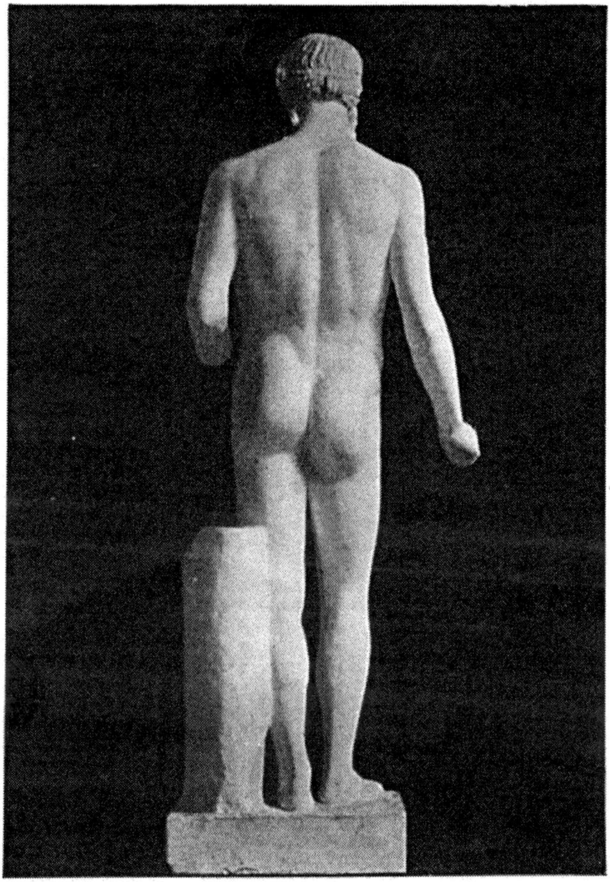

L' APOLLO DI CASSEL.

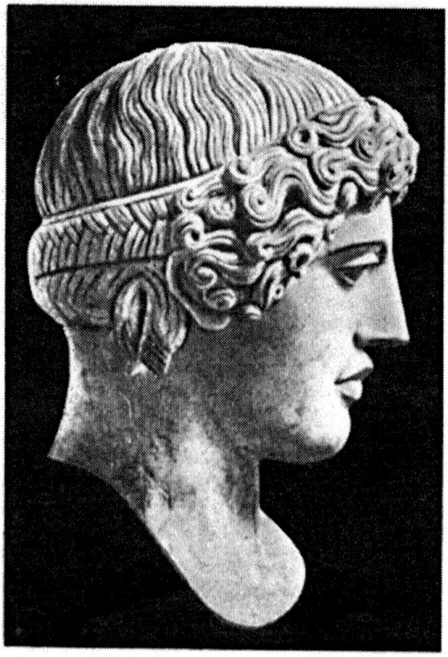

a)

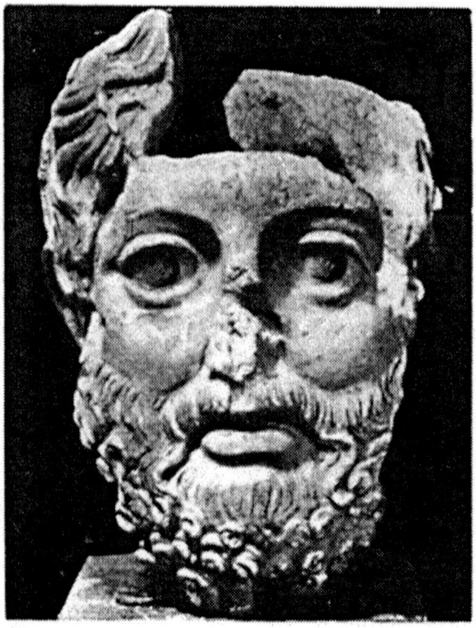

b)

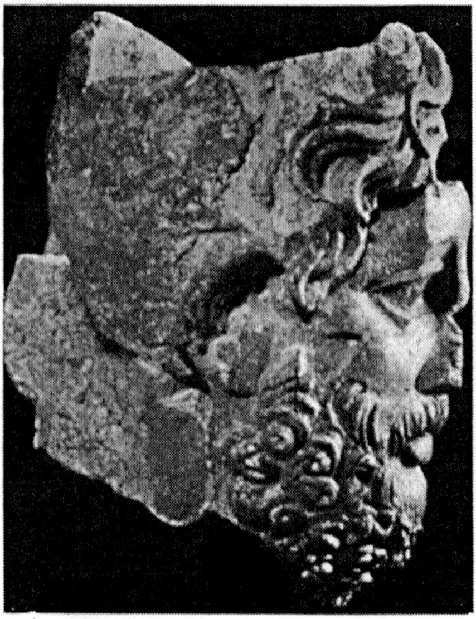

c)

a) L' APOLLO DI CASSEL, FIRENZE, PALAZZO VECCHIO. - b) TESTINA DI ZEUS, ROMA, MUSEO DI VILLA GIULIA, - c) TESTINA DI ZEUS, ROMA, MUSEO DI VILLA GIULIA (profilo).

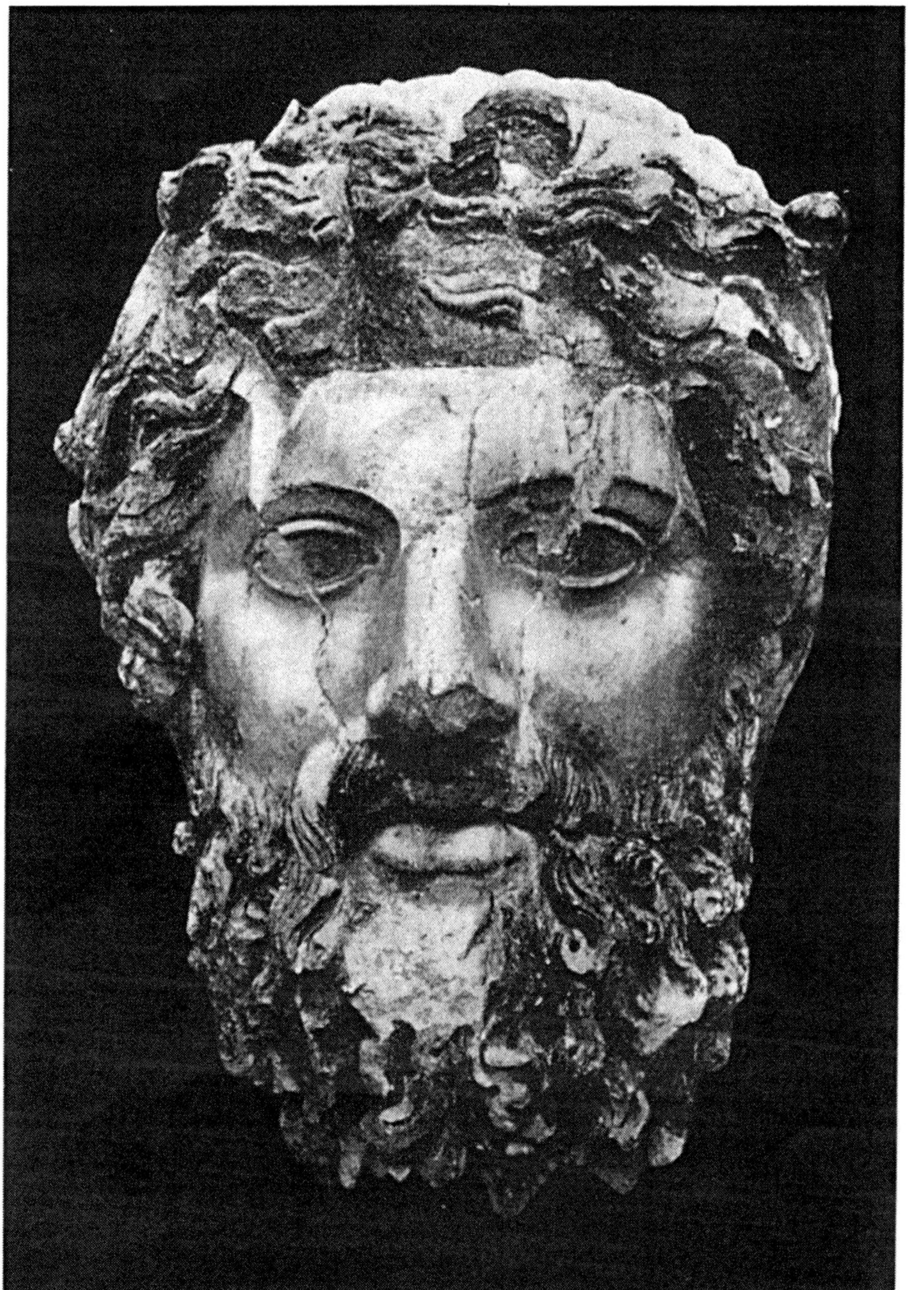

LO ZEUS DI CIRENE.

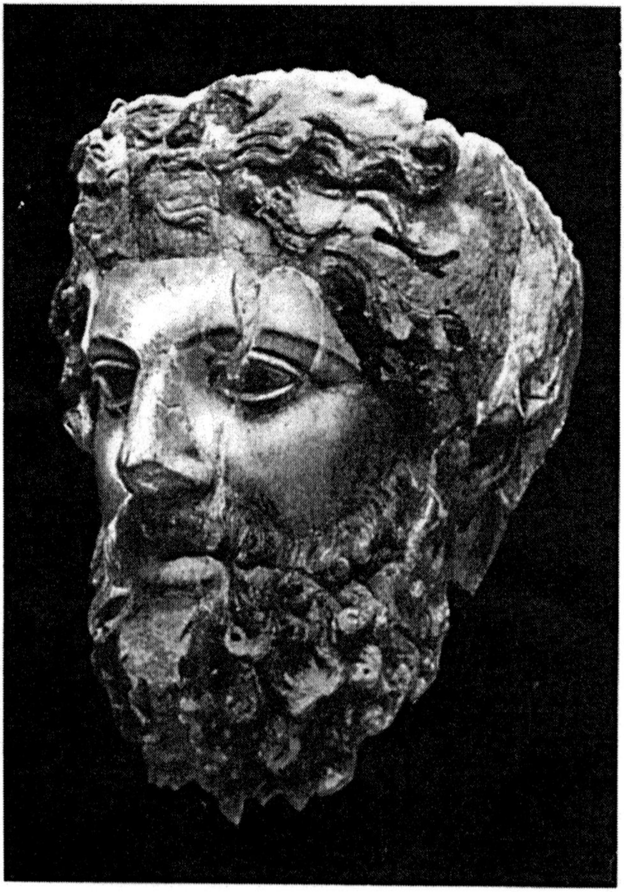

LO ZEUS DI CIRENE.

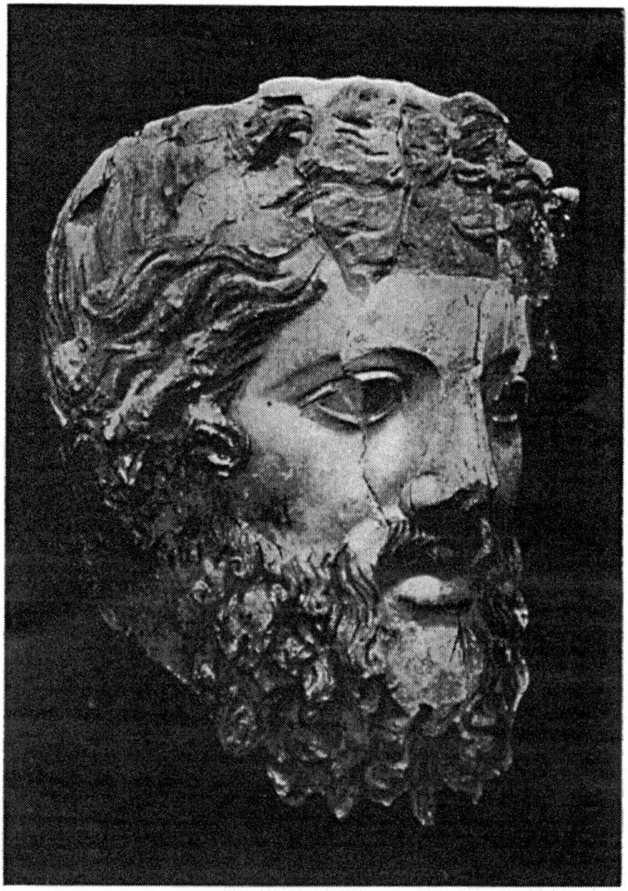

LO ZEUS DI CIRENE.

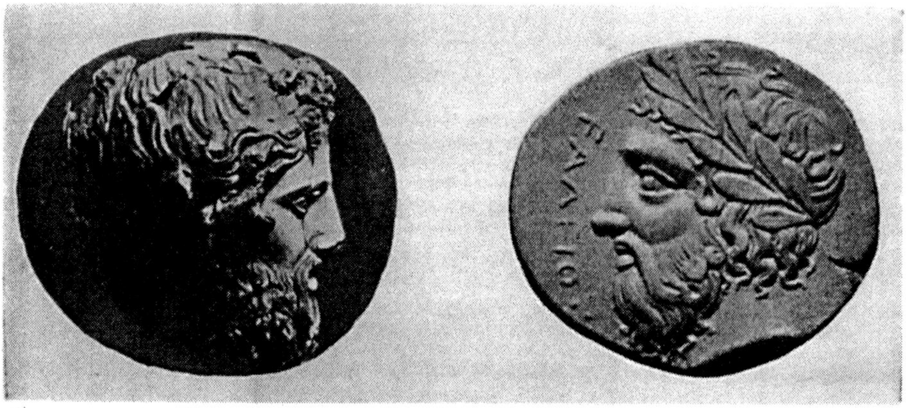

a)

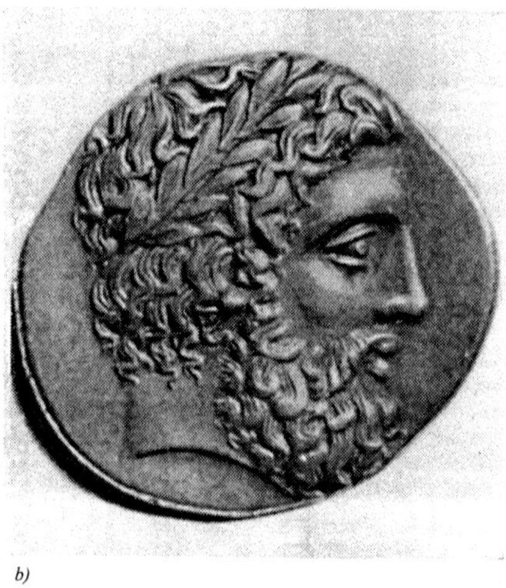

b)

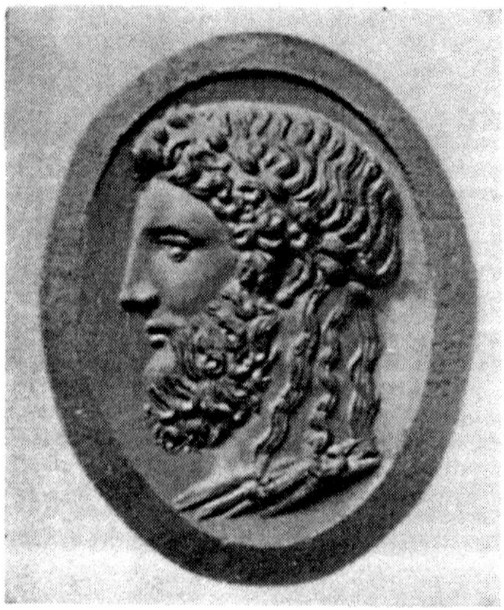

c)

a) LO ZEUS DI CIRENE E UNO STATERE DI OLIMPIA DEL 363 A.C. - b) TESTA DI ZEUS, DIDRAMMA DELL'ELIDE. - c) CORNALINA DI AMISOS CON TESTA DI ZEUS

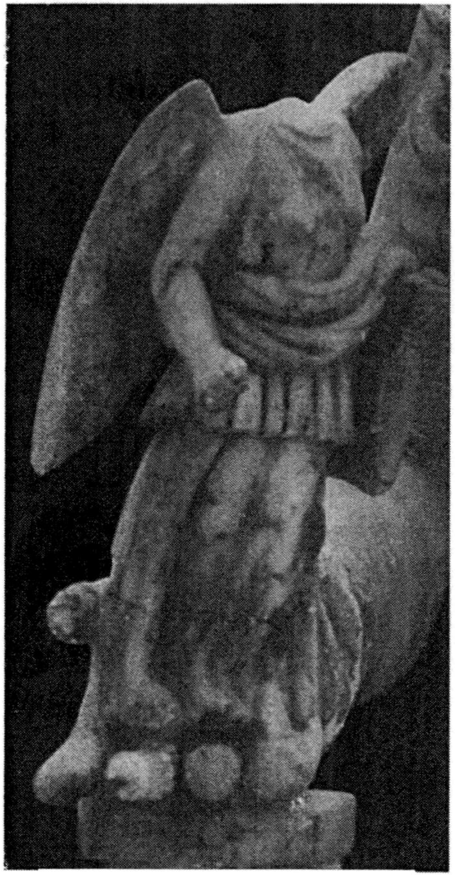

a) LA NIKE DELL'ATENA PARTHENOS

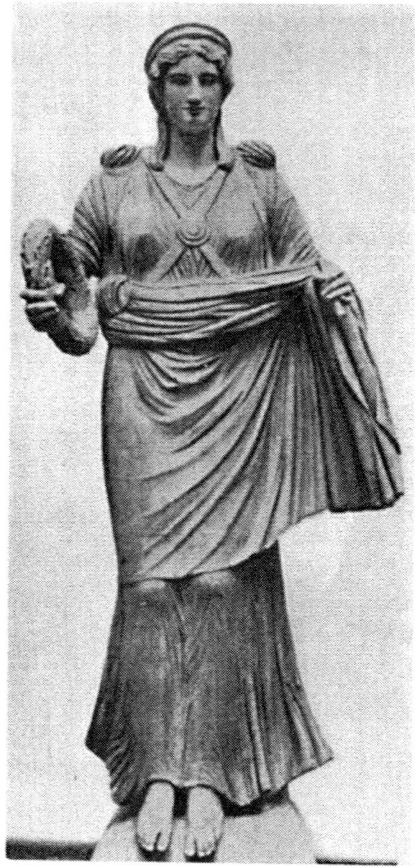

b) NIKE DEI MUSEI DEI BERLINO

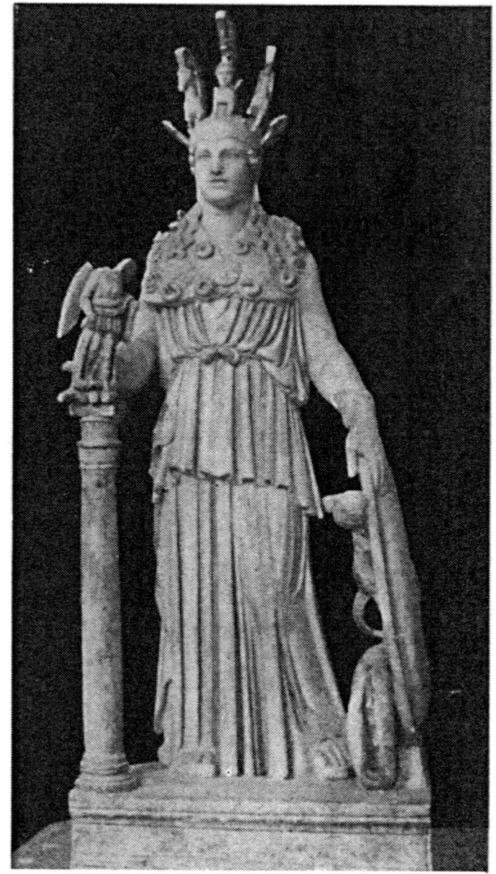

c) LA RIPRODUZIONE DELLA PARTHENOS DEL VARVAKION

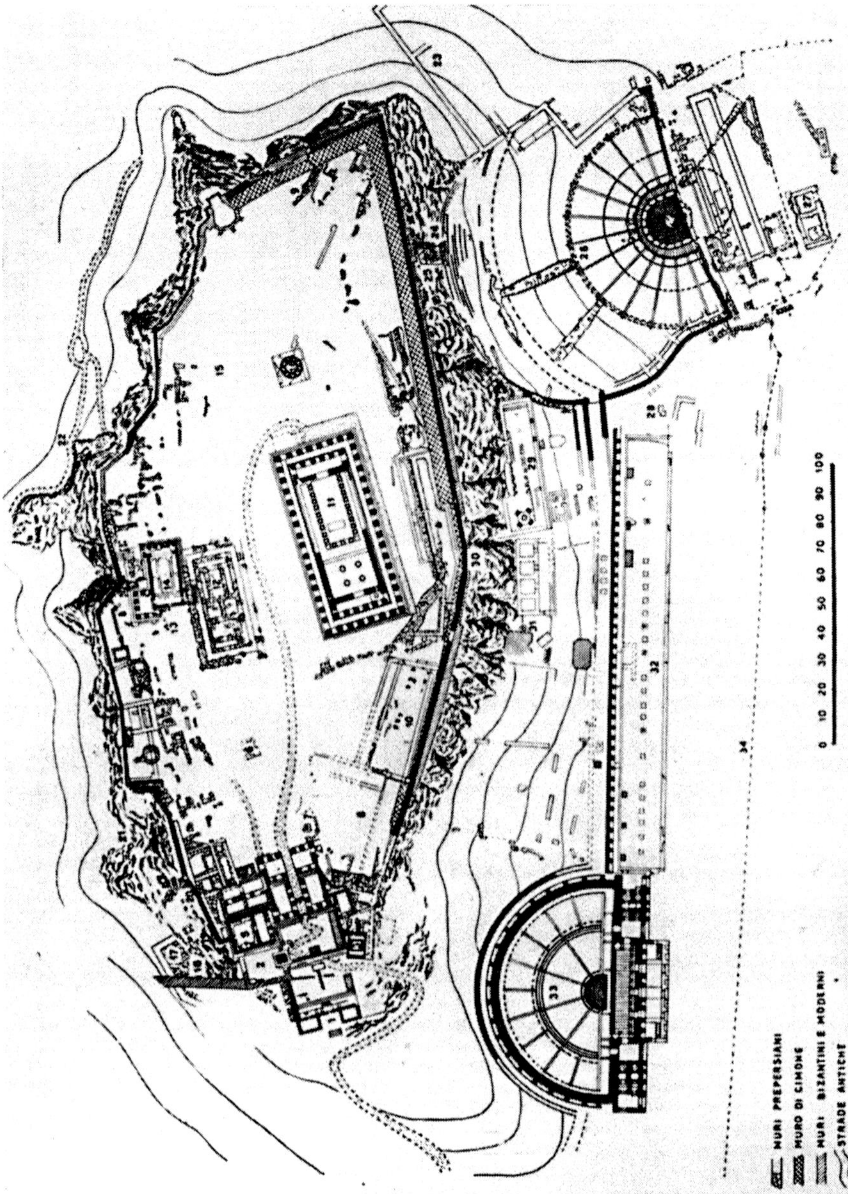

PIANTA DELL'ACROPOLI DI ATENE.

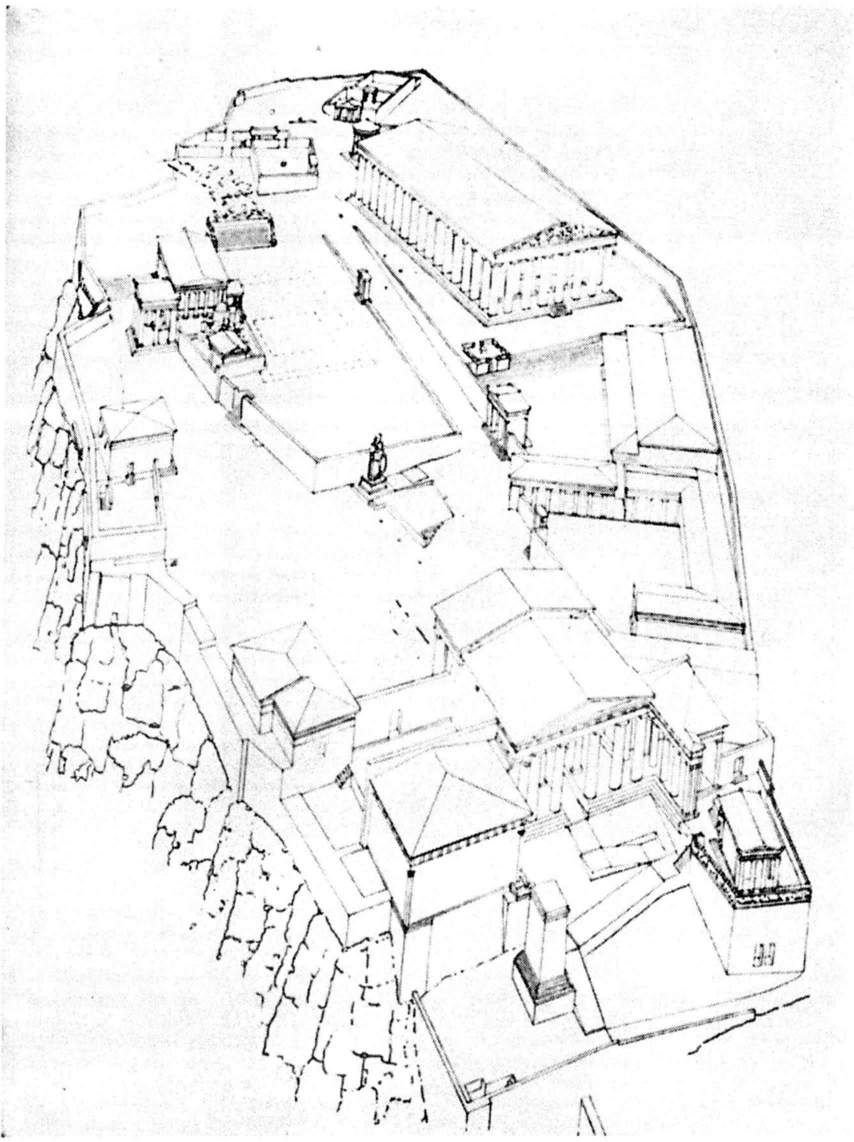

LA SPIANATA DELL'ACROPOLI.

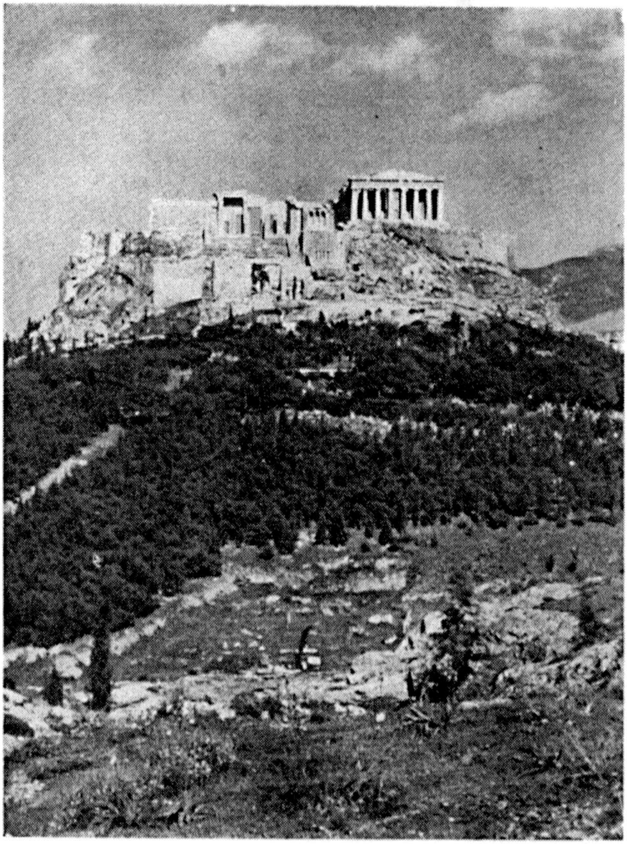

LA FRONTE DELL'ACROPOLI.

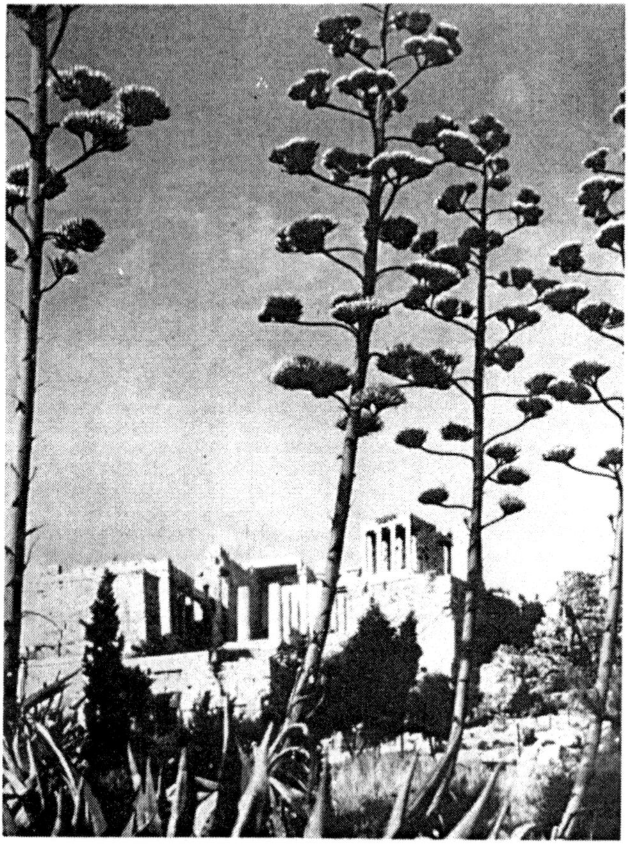

I PROPILEI ED IL TEMPIETTO DI ATENA NIKE.

TAV 16

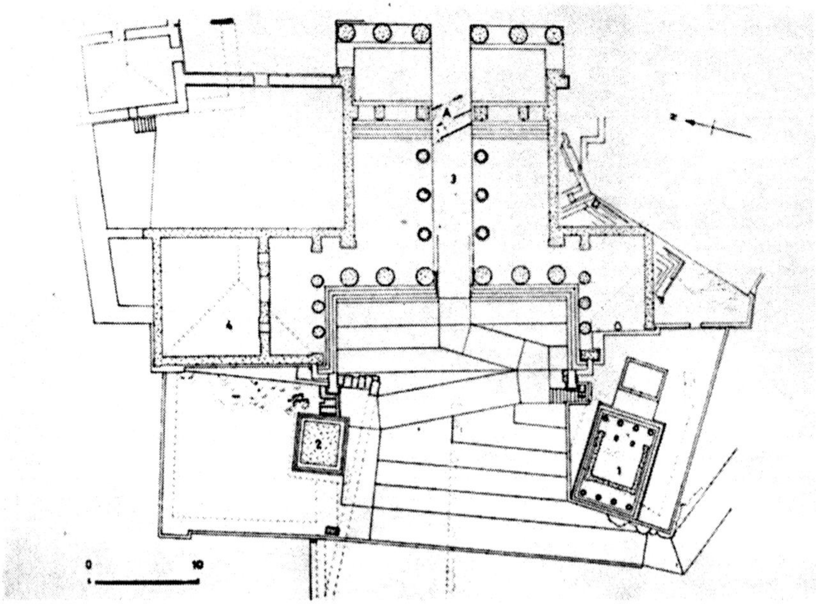

PIANTA DELLA ZONA DEI PROPILEI.

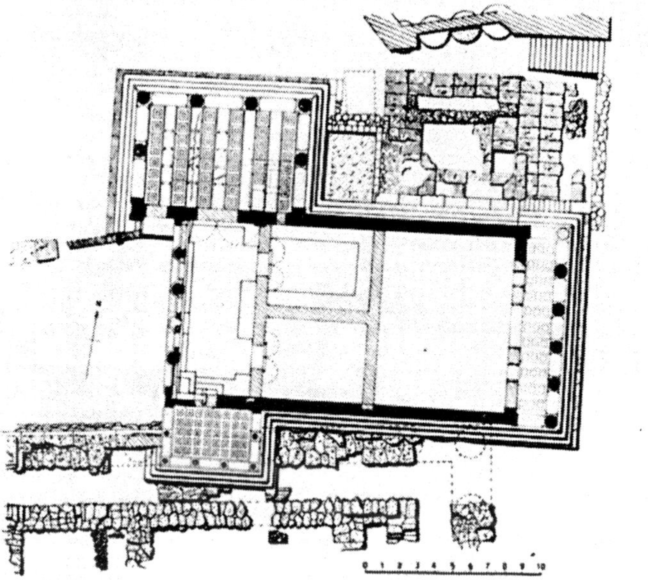

LA PIANTA DELL'ERETTEO.

TAV 18

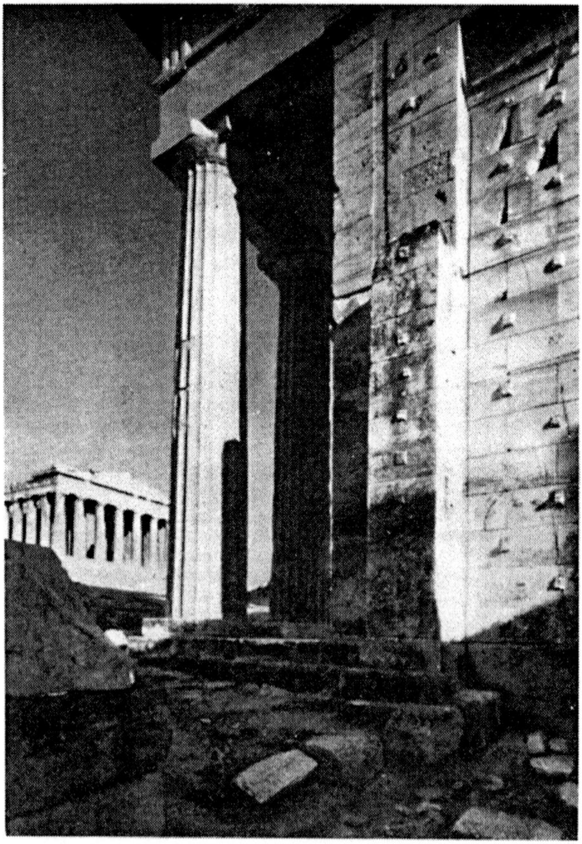

PROPILEI. PARTE INCOMPLETA DEL LATO NORD.

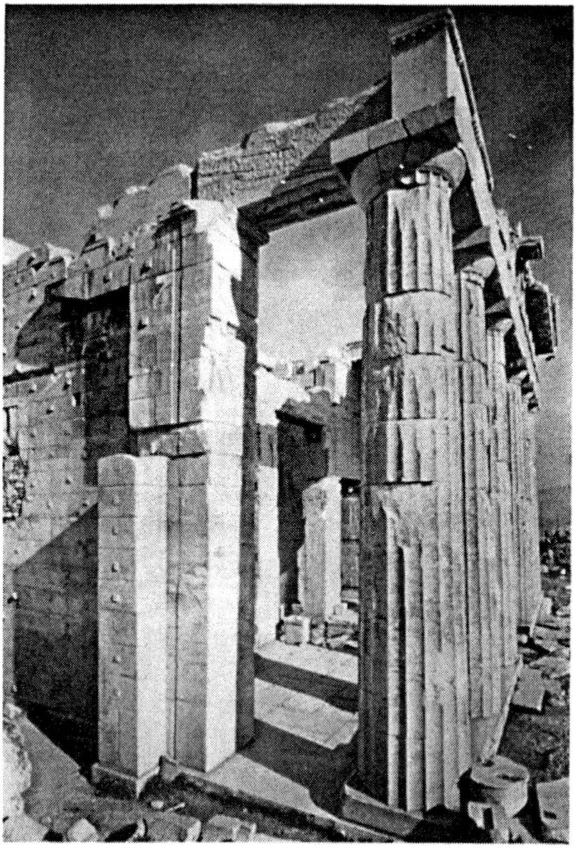

PROPILEI. PARTE INCOMPLETA DEL LATO SUD.

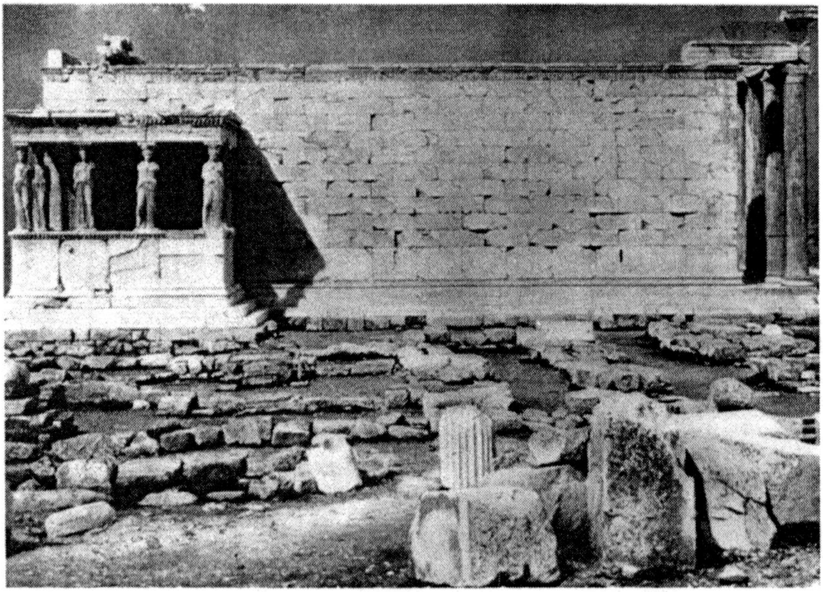

a)

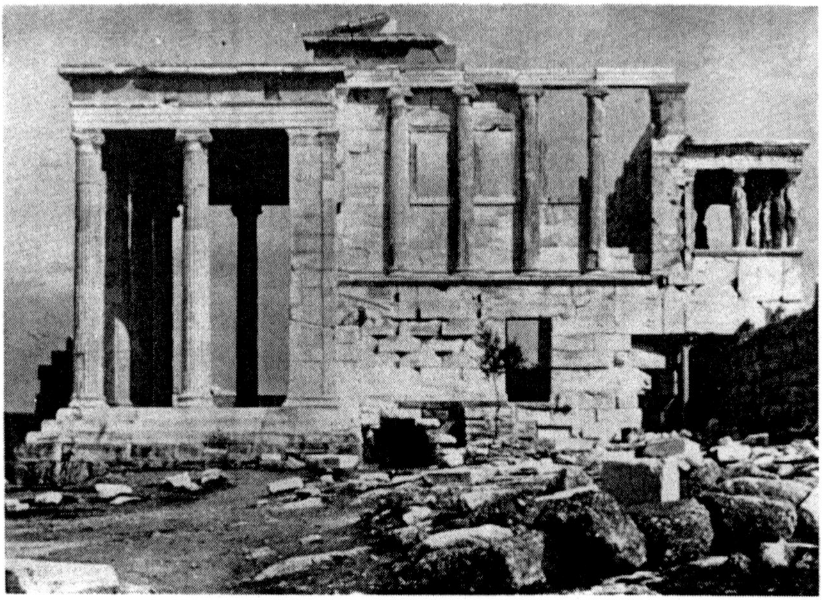

a) LATO DELL'ERETTEO VERSO IL PARTENONE.
b) L'ERETTEO A OVEST NELLA PARTE NON COMPLETATA.

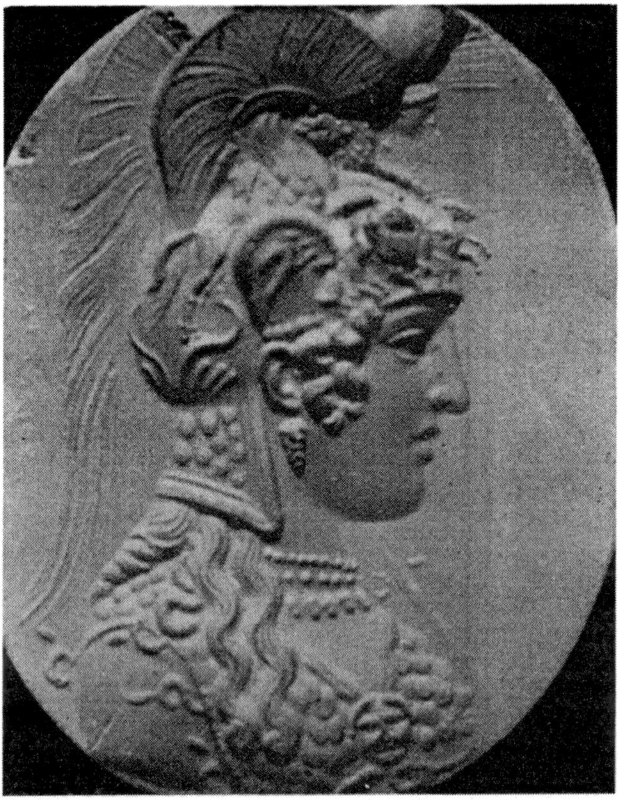

GEMMA DI ASPASIOS CON L'ATENA PARTHENOS

TAV 22

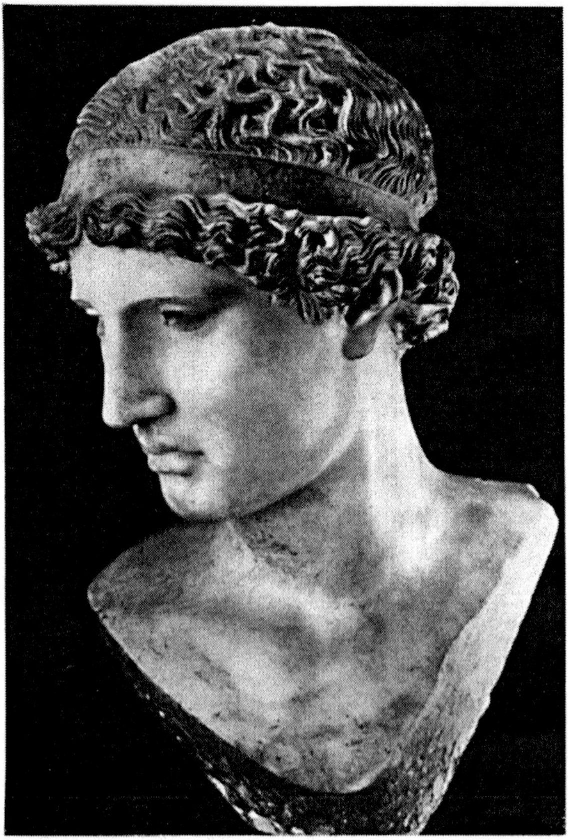

LA TESTA PALAGI DEL MUSEO CIVICO DI BOLOGNA,
REPLICA DELL'ATENA LEMNIA.

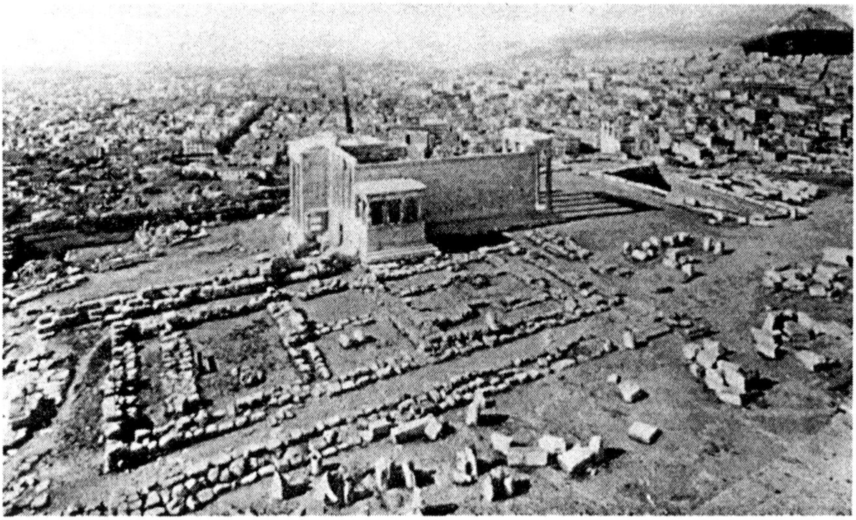

a)

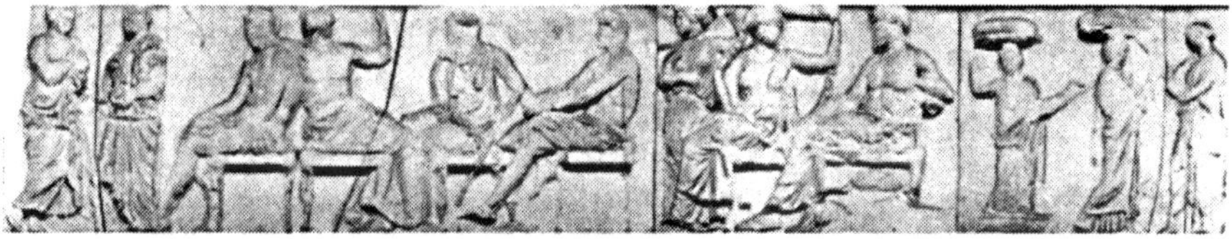

b)

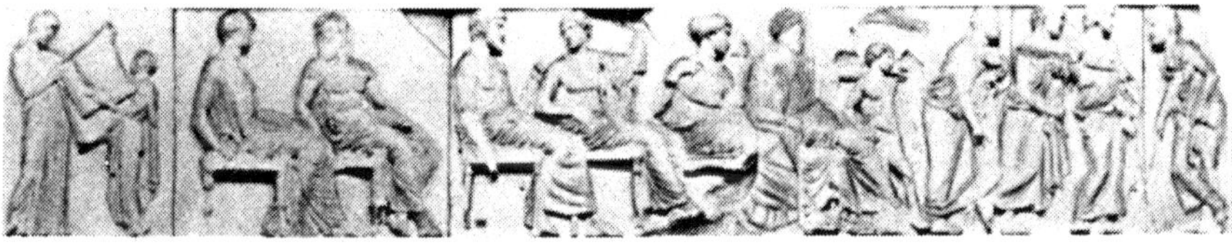

c)

a) L'ERETTEO E IL TEMPIO ANTICO. - *b)* IL FREGIO ORIENTALE DEL PARTENONE (SUD).
c) IL FREGIO ORIENTALE DEL PARTENONE (NORD).

Finito di stampare nel mese di maggio 2006 per conto de
«L'ERMA» di BRETSCHNEIDER
dalla Legatoria Manna G. - Via Botticelli, 22 - 87036 Rende (CS)
Tel./Fax 0984 408929